刘庆瑞 编著

设备管理员
实战手册

化学工业出版社

·北京·

图书在版编目（CIP）数据

设备管理员实战手册/刘庆瑞编著. —北京：化学工业出版社，2018.8（2024.5重印）
ISBN 978-7-122-32499-3

Ⅰ.①设… Ⅱ.①刘… Ⅲ.①设备管理-手册 Ⅳ.①F273.4-62

中国版本图书馆CIP数据核字（2018）第138354号

责任编辑：项　潋　张兴辉　　　　文字编辑：陈　喆
责任校对：秦　姣　　　　　　　　装帧设计：刘丽华

出版发行：化学工业出版社（北京市东城区青年湖南街13号　邮政编码100011）
印　　装：北京虎彩文化传播有限公司
880mm×1230mm　1/32　印张6　字数180千字
2024年 5 月北京第1版第8次印刷

购书咨询：010-64518888　　　　　　售后服务：010-64518899
网　　址：http://www.cip.com.cn
凡购买本书，如有缺损质量问题，本社销售中心负责调换。

定　　价：39.80元　　　　　　　　　　　　　版权所有　违者必究

前 言

当前,企业中的设备已经朝大型化、精密化、智能化、高速化方向发展,越来越多的高端设备,已经成为企业赖以生存的重要条件。没有精密化的设备,就无法完成产品的生产,保证不了产品的质量,在一些行业(例如,汽车零部件企业,都是以"设备"来保证所生产的产品质量的),如果设备出现故障,就会导致所生产产品的精度不稳,甚至导致产品报废。特别是企业花费巨额资金从国外引进的设备(或生产线),如果设备管理工作不到位(例如日常点检不到位,没有按计划做维护保养),导致设备出现重大故障,或减少使用寿命,这些都能给企业造成重大损失(甚至导致停产)。所以,企业(工厂)中的设备管理员岗位,越来越受到企业领导层的重视。设备管理员的个人素质、工作能力、专业知识等各方面的因素,直接影响到企业设备管理工作的优劣。这就要求从事设备管理的人员,或即将成为设备管理员的人员,在实际工作中,要以科学、务实的专业态度来认真对待企业中的每一台设备,让它们为生产发挥最大作用。同时,设备管理员也把自己的专业知识、才华,在工作中发挥出来,实现自己的价值。

本书以目前企业中设备管理员实际的工作内容及流程为主,根据笔者多年的实际工作经验,结合当前设备管理员实际工作内容,以简洁的语言向广大设备管理工作者或是即将要进入设备管理员岗位的朋友们,介绍设备管理员的具体工作内容和必须掌握的专业知识,以实际的工作内容为主旨,帮助读者在短时间内掌握设备管理员的工作实务。

本书突出实用,因为过多的专业性、学术性的讲解往往使新入职的设备管理员找不到工作的出发点。本书就解决了这一点。

本书在编写过程中，不但得到了同行们的大力支持，还得到了领导的关注与重视，在此，向在本书写作过程中提供大力支持的：吉林省通用机械有限责任公司的李晓峰、徐恩泽，吉林吉轻腾达阻尼材料有限公司的邓廷海、陈焕明，长春一汽四环变速箱汽车零件有限公司的赵利、黄乐、刘家晨，吉林省德立智能科技有限公司的曲颖、赵海燕、孙洪印，公主岭市德立智能科技有限公司的胡正涛、曲佳鹏、于洪岩，致以衷心的感谢！

由于笔者水平有限，书中难免存在不足之处，请同行和广大专家、学者予以斧正。

编著者

目 录

第一章　设备管理基础知识　1

- 第一节　设备的基本概念 …………………………………… 1
- 第二节　设备的分类 ………………………………………… 2
  - 一、按设备的重要程度分类 …………………………… 2
  - 二、按设备的适用范围分类 …………………………… 5
  - 三、按设备的使用部门分类 …………………………… 10
- 第三节　设备管理员的工作职责 …………………………… 13
- 第四节　设备管理员应具备的能力 ………………………… 16
- 第五节　设备管理机构 ……………………………………… 17

第二章　设备点检　19

- 第一节　设备点检的基本概念 ……………………………… 19
- 第二节　设备点检的分类 …………………………………… 20
  - 一、日常点检 …………………………………………… 20
  - 二、定期点检 …………………………………………… 22
  - 三、专项点检 …………………………………………… 23
- 第三节　设备点检标准书 …………………………………… 24
- 第四节　设备点检表 ………………………………………… 26
- 第五节　设备点检的主要工作 ……………………………… 28
  - 一、确定检查点（定点或定部位） …………………… 28

二、确定点检人员（定人） …………………………… 29
　　　三、确定点检周期（定期） …………………………… 30
　　　四、确定点检标准（定标） …………………………… 30
　　　五、确定点检方法（定法） …………………………… 31
　　　六、确定点检记录的分析（分析） …………………… 31
　第六节　设备点检的监督、检查和评价 ………………………… 32
　　　一、设备点检的监督 …………………………………… 32
　　　二、设备点检的检查 …………………………………… 32
　　　三、设备点检的评价 …………………………………… 33

第三章　设备台账　　34

　第一节　设备台账的基本概念 …………………………………… 35
　第二节　设备台账的编排方式 …………………………………… 35
　　　一、以车间、部门为单位编排 ………………………… 35
　　　二、以设备分类编排 …………………………………… 46
　第三节　设备台账编制时的注意事项 …………………………… 47

第四章　设备维护保养　　48

　第一节　设备维护保养的基本概念 ……………………………… 49
　　　一、清洁 ………………………………………………… 49
　　　二、整齐（摆正、对齐） ……………………………… 50
　　　三、润滑 ………………………………………………… 51
　　　四、安全 ………………………………………………… 51
　第二节　设备维护保养的内容 …………………………………… 53
　　　一、日常维护保养 ……………………………………… 53
　　　二、定期维护保养 ……………………………………… 54
　　　三、精度检查 …………………………………………… 56
　第三节　设备维护保养计划的分类 ……………………………… 56
　　　一、按时间间隔分类 …………………………………… 56

二、按工作量和难易程度分类 …………………………… 58
　第四节　维护保养计划的编制 ………………………………… 64

第五章　设备使用管理　66

　第一节　正确使用设备的意义 ………………………………… 66
　第二节　设备合理使用的前提 ………………………………… 67
　第三节　设备使用前的准备工作 ……………………………… 70
　第四节　设备使用规定 ………………………………………… 70
　　一、定人、定机和凭证操作制度 ……………………………… 70
　　二、设备交接班制度 …………………………………………… 71
　　三、"三好""四会"和"五项纪律" …………………………… 72
　第五节　设备安全操作规程 …………………………………… 74
　　一、设备安全操作规程的内容 ………………………………… 74
　　二、设备安全操作规程的编制要求 …………………………… 76
　　三、编制设备安全操作规程时应注意的事项 ………… 81

第六章　设备技术状态及其完好标准　82

　第一节　设备技术状态基本概念 ……………………………… 83
　第二节　设备的完好标准 ……………………………………… 83
　第三节　制订设备完好标准的原则 …………………………… 89
　第四节　常见设备的完好标准 ………………………………… 91
　　一、有机热载体加热炉完好标准 ……………………………… 92
　　二、搅拌机完好标准 …………………………………………… 92
　　三、捏合机完好标准 …………………………………………… 92
　　四、炼胶机完好标准 …………………………………………… 93
　　五、橡胶（塑料）加压式捏炼机完好标准 …………………… 93
　第五节　完好评价记录 ………………………………………… 93
　　一、设备编号及设备名称 ……………………………………… 93
　　二、评价时间 …………………………………………………… 93

三、评价内容 …………………………………………… 94
四、评价结果 …………………………………………… 94
五、评价结论 …………………………………………… 94
六、评价人 ……………………………………………… 94
七、备注 ………………………………………………… 95

第七章　设备事故管理　96

第一节　设备事故基本概念 …………………………………… 96
第二节　设备事故划分标准 …………………………………… 97
　　一、一般事故 …………………………………………… 98
　　二、重大事故 …………………………………………… 99
　　三、特大事故 …………………………………………… 100
第三节　设备事故的性质 ……………………………………… 103
　　一、责任事故 …………………………………………… 103
　　二、质量事故 …………………………………………… 103
　　三、自然事故 …………………………………………… 103
第四节　设备事故管理流程 …………………………………… 104
第五节　设备事故原因的调查分析 …………………………… 106
第六节　设备事故的处理 ……………………………………… 106
第七节　设备事故报告 ………………………………………… 107

第八章　设备故障管理　109

第一节　设备故障基本概念 …………………………………… 109
　　一、设备本体故障 ……………………………………… 110
　　二、设备部件或附件故障 ……………………………… 110
　　三、设备功能故障 ……………………………………… 112
第二节　设备故障分类 ………………………………………… 112
　　一、突发性（偶发）故障 ……………………………… 112
　　二、渐发性（磨损性）故障 …………………………… 113

三、重复性故障 …………………………………… 114
四、多发性故障 …………………………………… 115
五、初（早）期故障 ……………………………… 115
第三节 设备故障管理流程 ………………………………… 116

第九章 设备备件管理　120

第一节 设备备件 …………………………………………… 120
一、设备备件的基本概念 ………………………… 120
二、设备备件管理的范围 ………………………… 121
三、备件的分类 …………………………………… 122
第二节 设备备件管理权的归属 …………………………… 125
一、设备备件（库）归企业库房管理
　　部门直接管理 ……………………………… 125
二、设备备件（库）归设备管理部门
　　直接管理 …………………………………… 131
第三节 设备备件的领用与处理 …………………………… 132

第十章 设备维修管理　134

第一节 设备维修基本概念 ………………………………… 134
第二节 设备维修的方式 …………………………………… 135
一、事后维修 ……………………………………… 135
二、预防维修 ……………………………………… 136
第三节 设备维修计划 ……………………………………… 137
一、计划维修 ……………………………………… 137
二、临时维修 ……………………………………… 147

第十一章 特种设备管理　150

第一节 特种设备的基本概念 ……………………………… 150
第二节 锅炉 ………………………………………………… 151

　　　　一、锅炉的基本概念 …………………………………… 151
　　　　二、锅炉的分类 ………………………………………… 151
　　　　三、锅炉的基本参数 …………………………………… 152
　　　　四、锅炉的基本结构 …………………………………… 153
　　　　五、锅炉的维护保养 …………………………………… 153
　　　　六、锅炉房的管理 ……………………………………… 154
　　第三节　压力容器 …………………………………………… 159
　　　　一、压力容器的分类 …………………………………… 160
　　　　二、储气罐 ……………………………………………… 162
　　第四节　电梯 ………………………………………………… 164
　　第五节　起重机械 …………………………………………… 165
　　　　一、起重机械的分类 …………………………………… 165
　　　　二、起重机的主要参数 ………………………………… 166
　　　　三、起重机的基本结构 ………………………………… 167
　　第六节　场（厂）内专用机动车辆 ………………………… 168
　　第七节　特种设备定期检验制度 …………………………… 169

附　录　　　　　　　　　　　　　　　　　　　　　172

　　附录一　设备完好标准 ……………………………………… 172
　　附录二　锅炉房安全管理制度 ……………………………… 175
　　附录三　锅炉外部检验报告 ………………………………… 178

参考文献　　　　　　　　　　　　　　　　　　　　182

第一章
设备管理基础知识

设备管理基础知识是企业设备管理人员必须掌握的知识，其内容包括：设备的基本概念、设备的分类、设备管理员的主要工作职责等。通过本章的学习，设备管理人员可对本岗位的工作内容有一个大致了解，知道自己以后工作中会接触到什么、要干什么。

第一节 设备的基本概念

设备是指可供工厂（企业）在生产中长期使用，并在反复使用中基本保持原有实物形态、功能的劳动资料和物质资料的总称，是工厂（企业）固定资产的主要组成部分。图1-1为闭式压力机，图1-2为摇臂钻床。

图1-1 闭式压力机

图1-2 摇臂钻床

设备的定义可以简单理解为：在企业车间内从事生产产品的机器，都是设备。或者干脆理解为：在企业内，只要能干活的机械装置都称为"设备"。设备管理员主要"管"的东西就是"设备"。

企业里所有的设备，通常都在设备管理员管辖范围内。但也有例外，如有的企业规定，质量管理部门（品管部门）的设备，如三坐标测量仪、化学元素分析仪等实验室中的实验设备（见图1-3、图1-4），就不归设备管理员管理，而归质量管理部门管理。

图1-3　电热鼓风干燥箱

图1-4　高低温湿热实验箱

第二节　设备的分类

设备的分类方法比较多。在不同的企业中，设备有不同的分类方法。下面介绍一下企业中比较常用的设备分类方法。

一、按设备的重要程度分类

按设备的重要程度，可将设备分为一般设备与关键设备两大类。一般企业都会选择这种分法，因为比较便于管理（就两种，不是一般设备，就是关键设备，便于工作）。在这里先说一下"关键设备"，每个企业中，都是那么几台设备是"关键设备"。这一点，设备管理员要特别注意，关键设备肯定有，而不是没有，新上岗的设备管理员，对设备还不太熟悉或掌握不够,要多请教车间主任或工段长、班组长,他们都能给你提供信息参考,甚至会直接告诉你,哪台设备是"关键的"。

1. 一般设备

所有生产车间内生产用的普通生产设备都编为"一般设备"(在设备台账中反映出来),如冲压车间的各种压力机、机加车间(机加工车间)的各种车床、数控机床等。

2. 关键设备

关键设备是指影响产品过程关键特性的设备、瓶颈设备、无法替代的设备。简单说,就是企业中"独此一台,绝无第二"的那种。只要这台设备坏了,直接就造成企业的停产。

关键设备是企业中重点管理的对象,设备管理员必须给予高度重视。一般来说,企业都会把关键设备的备件及易损件提前备好,以备需要。还有的企业会把关键设备再备用一台,一旦出现企业无法自行修复的情况,可以启用备用设备,这样,企业还可以继续生产,不至于影响生产。

在对关键设备的识别时,也要注意以下几点。

(1) 关键工序的单一关键设备

就是指这道工序,必须由这台设备完成,其他设备完成不了。在企业生产车间中,工序会有很多,但真正的"关键工序"则不会太多,这一点要注意。

(2) 出故障后影响生产面大的设备

就是指一条生产线,如果这台(关键)设备发生故障后,会导致整个生产线停产,无法正常生产。前面已经说到,这种情况会在企业中经常发生,所以要求设备管理员一定要把关键设备的备件及易损件,提前备足。一旦设备发生故障后,可以更换备件,使设备正常生产。

(3) 影响产品质量关键工序无代用的设备

这条和(1)类似,即这台设备对产品精度要求高,是最关键的工序,同时整条生产线或整个车间只有这一台设备。我们在前面也说过,现在的企业,都是以设备来保证产品质量的。设备出现故障,就会影响设备精度,设备精度一旦改变,所加工出来的产品,可想而知质量就不能得到保证。

以上这种分类方法比较适合于小型企业的设备管理。因为把所有设备分成"一般设备"与"关键设备"这两种设备,是比较便于设备管理的。

图1-5 "关键设备"标识

在这里设备管理员需要注意的一点是,"一般设备"与"关键设备"在设备台账中必须体现出来(例如在设备台账表格中,在"备注"栏或"设备分类"栏内,要标出"一般设备"或"关键设备")。还有,在车间现场,确定为"关键设备"的生产设备,必须在设备本体粘贴"关键设备"标识(见图1-5)。"关键设备"标识可以利用办公软件自行制作后打印出来,如用 Word 或 Excel 软件,也可以请专门的制作标牌的公司制作。一般设备则不必用标识标出。

在这里可能有些朋友会问,为什么我们必须在车间现场设备上,贴"关键设备"标识呢?这是因为,在车间现场设备上能够区分出"一般设备"与"关键设备",是相关体系审核的一部分(例如,现场审核)。设备管理部分,是各种审核必不可少的一部分,无论是二方审核还是三方审核,审核老师都会到现场去"参观",如果发现没有将"一般设备"与"关键设备"用标识区分开来,就会将对应项判定为"不合格"。出现"不合格"项通常需要整改,甚至会有相应处罚。

有些设备管理员会问,企业中办公设备(如办公电脑、打印机、复印机、投影仪等)是否也在设备分类的范围内呢?答案是不一定,这要看企业具体情况。这是因为,企业设备管理中所管理的设备,主要是以生产用为主。办公设备一般由综合或后勤部门管理(如综合部、后勤部等)。所以,这些办公设备均不属于设备分类的范围,也不属于设备管理员管理的范围内。

二、按设备的适用范围分类

1. 生产设备

生产设备是指企业中直接参与生产过程或改变原材料属性、形态和功能的各种工作用设备。简单说,就是能直接生产产品的设备,都属于生产设备。在生产车间里的设备大部分都是生产设备,例如闭式压力机、板料折弯机、焊接机器人、悬挂式点焊机等,见图1-6~图1-8。

图 1-6　板料折弯机

图 1-7　焊接机器人

图 1-8　悬挂式点焊机

2. 起重设备

起重设备是指企业中的各种起重机(俗称天车),包括通用桥式起重机、电动单梁起重机(见图1-9)、双梁桥式起重机(见图1-10)等。起重机属于特种设备,需要定期到指定检验机构进行检验。检验合格后,由检验机构发放检验合格证明,企业才能继续使用起重机械。这一点,设备管理员要特别注意。

另外,在企业中,常见的特种设备还有叉车、储气罐、锅炉、电梯等,这些设备都需要定期检验。设备管理员要跟踪这些特种设备是否到检验期限,如即将到达检验期限,必须提前到指定检验机构申请检验。

注意：要提前办理检验手续。

对特种设备要更加注意维护保养，还有日常点检，以保证其安全运行。

图 1-9　电动单梁起重机

图 1-10　双梁桥式起重机

3. 气源设备

气源设备是指企业中给生产设备提供气源的设备，例如空压机（见图 1-11）、冷干机、储气罐（见图 1-12）等。

气源设备在企业设备管理中也要列为"重点关照"对象，因为这些设备中也包括一定的特种设备。另外，这些设备还给生产设备提供"动力"，一旦没有气源，一些设备无法启动（例如压力机、点焊机等）。所以，要做好这些气源设备的维护保养工作。

图 1-11　空压机

图 1-12　储气罐

4. 检测设备

检测设备是指企业中检测、测试、实验用的设备，例如，三坐标测量机、电流测试仪、电子秤、拉力试验机、各种分析仪等。这些设备一般由质量管理部门负责管理，如质保部（实验室）。这些检测设备可以在设备台账中列出，也可由设备管理部门统一管理，具体要看企业的实际情况。

设备管理员在对这些实验设备进行管理时（如果归设备管理员管理），要注意以下情况：这些实验检测设备一般都是精密设备（例如三坐标测量机），使用操作就显得特别重要。操作者的操作能力直接关系到设备的使用寿命。一旦发生误操作，对于这些实验设备可能会是致命的，不仅其零部件、价格昂贵，经济损失大，误操作还会对设备精度产生重大影响。所以，设备管理员要注意使用人员的能力，新手要待培训合格方能上岗操作实验设备。万能试验机如图 1-13 所示，电弧燃烧炉如图 1-14 所示。

图 1-13　万能试验机

图 1-14　电弧燃烧炉

5. 电气设备

电气设备包括如各设备、机床配属的电气控制柜（见图 1-15）、车间各种照明开关箱、企业配电室内的各种电气装置（例如变压器，见图 1-16）等。

电气设备在企业中有很大作用,可以说,没有这些电气设备的支持,所有生产设备都不可能正常工作。对这些电气设备也要像对待"关键设备"与"特种设备"一样重视。设备管理员要定期组织企业电工(或电工班)对电气设备进行维护保养,保证企业生活用电和车间用电。在维护保养时,要注意安全。

图 1-15　电气控制柜　　　　图 1-16　变压器

6. 辅助设备

辅助设备是指企业中从事生产辅助的专用设备,例如,液压升降平台、砂轮机(见图 1-17)、手动液压搬运车、无齿锯、液压平台车(见图 1-18)等。

图 1-17　砂轮机　　　　图 1-18　液压平台车

在每个企业中,特别是生产车间及相关部门中(例如物流部门)经常能见到这些辅助设备,可以说,这些辅助设备也是企业设备中的重要组成部分。这些辅助设备往往可以起到意想不到的作用。所以,设备管理员也应组织维修人员对这些看起来"不起眼"的设备,进行一定的维护保养,使它们能够正常使用。

7. 取暖设备

取暖设备是指能为企业提供热源的设备，例如，车间里的暖风、暖气片、地热、取暖风机、取暖风幕等。

取暖设备也是企业设备中的一个组成部分，无论是在办公楼，还是在生产车间里，都有取暖设备的身影。尤其是在我国东北地区，冬季天气寒冷，没有取暖设备，是无法工作的，甚至车间里的设备都会"冻住"，导致无法正常生产。所以，设备管理员要在每年的 10 月份左右（指我国东北地区）组织维修人员对企业所有取暖设备进行检修，且必须在供暖试水前检修完毕，这样才能保证企业冬季正常工作与生产。

8. 附属设备

附属设备主要指企业中各种设备附加装置，例如，悬挂式点焊机的焊枪、固定式电阻焊机的螺母输送机（见图 1-19）、焊机的送丝装置（见图 1-20）等。

图 1-19 螺母输送机

图 1-20 焊机与送丝机

附属设备与辅助设备的区别：附属设备是全套设备的组成部分或设备的附加装置，能够给主设备带来附加功能的设备；辅助设备则主要是指给生产提供辅助功用的设备装置，其个体仍是单独的设备，如砂轮机、无齿锯等。

前边电气设备中讲到的各种设备的电气控制柜其实也是附属设备的一种，分类到附属设备或作为单独的电气设备都可以。

以上就是按照设备的适用范围进行的设备分类方法。这种分类方法适用于中型企业，因为这种类型的工厂设备数量很多，在管理上有一定的难度，按照这种分类方法，可以提高一定的工作效率，节省工作时间。

三、按设备的使用部门分类

这种分类方法主要以设备的使用部门（单位）进行划分，企业中有几个车间（工段）或部门，就分成几个类别。下面以企业常见的生产车间或部门为例，简要介绍一下分类方法。

1. 冲压车间（工段）

冲压车间是机械制造业工厂（冲压行业）最常见的生产车间，特别是在汽车零部件企业（冲压厂、冲压公司等）中最为常见。有些较大规模的冲压工厂，还分为冲压一车间、冲压二车间等或分成冲压一工段、冲压二工段等，或以设备型号分为大冲车间（315t 以上）、小冲车间（315t 以下）等。冲压车间内设备多为冲压设备。冲压设备包括各种型号的开式压力机、闭式压力机、自动送料机等，见图 1-21～图 1-23。

图 1-21　250t 开式双点压力机

图 1-22　1600t 闭式双点压力机

图 1-23　自动送料机

2. 下料车间（工段）

下料车间在不同的企业中，叫法也不尽相同，有的企业称为下料工段或剪切车间等。在冲压企业或机加企业及其他企业都有这类车间存在，只不过所"下"的"料"不同罢了，例如，冲压企业一般是钢板或铁板，主要是为压力机提供坯料，而机加企业一般是圆钢、料棒等，主要是为了方便车床加工。

下料车间主要以下料设备为主，包括各种类型的剪板机、开卷机、液压升降平台、锯床等，见图 1-24～图 1-26。

在这里需要注意的是：如果下料车间内有供本车间专用的起重机，那么该起重机也属于该下料车间管辖范围。其他情况与此相同。

图 1-24　自动开卷送料机（一）

图 1-25　自动开卷送料机（二）

图 1-26　液压升降平台

3. 焊装车间（工段）

焊装车间一般来说都配属于冲压企业，换句话说，凡是冲压企业基本都有焊装车间。当然也有独立的焊装企业，但是比较少见。

焊装车间主要以各种类型的焊接设备为主，包括固定式电阻焊机（俗称座点）、悬挂式点焊机（悬点）、焊接机器人等。

焊装车间里的设备一般都属于高端设备，特别是焊接机器人，因此，更要加强对其进行维修保养（一般都是机器人厂家或售后专业人员来进行维护保养。当然企业如果有这方面能力的，可以自行维护）。

4. 机加车间（工段）

机加车间一般存在于机加企业，例如某某机械加工厂或公司等。当然，在一些规模比较大的企业里，也有机加车间，只是生产产品不同。

机加车间内设备主要以机械加工设备为主，包括各种类型的数控车床、加工中心、普通车床、摇臂钻床（见图1-27）、立式铣床（见图1-28）、数控弯管机、板料折弯机等。

老式的车床、铣床等，大多已经由先进的数控车床、数控铣床及加工中心等所取代，所以有的企业，也把这些装备数控机床的机加车间，称为数控车间。这些设备也属于高端设备，设备管理员要对这些设备加强管理。

以上就是以设备使用部门为主的分类方法。这种分类方法适合于中小型工厂或企业。这种分类方法的优点是直观，便于统计，各使用部门的设备数量一看便知,也便于年终设备盘点。需要注意的是,这种分类方法必须把使用部门的所有设备都包括进来,如生产设备、附属设备、电气设备等,只要是该部门范围内的设备都应分在该部门,例如,冲压车间使用的电焊机、砂轮机都应该分到冲压车间。

图 1-27　摇臂钻床

图 1-28　立式铣床

第三节　设备管理员的工作职责

设备管理员的工作职责,简单说就是设备管理员主要是干什么的,管什么的(特别是即将上岗的设备管理员要注意了)。

设备管理员必须要知道自己的岗位工作职责是什么,管理的权限范围是多少,因为在企业(工厂)中,各个岗位都有自己的工作职责,如技术员有技术员的职责,工艺员有工艺员的岗位职责,安全员有安全员的岗位职责,当然,设备管理员也有本岗位的工作职责。新入职或即将从事设备管理员岗位的人员,必须明确自己的工作职责是什么(在企业中往往有这种现象,那就是不明确自己的工作职责,经常做一些和自己工作不相关的事情,结果是自己的本职工作反而没有做好,被领导批评。所以,请大家一定要注意,在企业中必须做好自己的本职工作。如果想了解一下其他工作,也必须先完成自己工作后,才能从事其他工作)。

企业中的设备管理员的工作职责主要有以下几条。

① 负责公司设备的使用、保养、维护工作。这是设备管理员的主要工作职责范围，即对设备的维护与保养工作。

在这里，也想和大家说明一下，在企业中并不是所有涉及设备方面的工作都是由设备管理员来完成的，并不是"沾"着设备"边"就算。例如，某工厂一名模具设计人员，在设计完模具后，不知道自己设计的模具能不能在设备上使用，便询问所在工厂的设备管理员，表达了自己的意思后，设备管理员说："这不是我的职责范围内的工作"，拒绝了。大家从这个事例中可以发现，由于模具设计人员对各个岗位职责不了解，造成了工作上的阻碍。所以，在这里提醒广大设备管理人员：有些看上去和设备相关的工作，其实不是自己的工作范围。

② 制订设备大中修计划明细表，负责组织对设备的定期检修，同时做好相关记录。

这就是说设备管理员需编制设备检修计划（不仅是设备大中修计划，还要有月份设备维修计划），做完计划后，必须做好记录（如维修记录）。

在这里有些朋友就会问：我们如何制订相关的维修计划（或维护保养计划）？这个大家先别着急，我们在后边会讲到。

③ 负责对关键设备的维护、保养以及生产设备的维护、保养。

设备管理员不仅要对关键设备进行维护保养，对生产设备（一般设备）也要做相应的维护保养，例如编制年度设备维护保养计划、月份维护保养计划等。

目前，有一些企业在设备维护保养方面做得并不好，都是让位于生产，怕影响产量，一般都是设备坏了再维修，平时也不注重保养。

④ 定期检查各车间生产设备的使用、保养和维护情况，对发现的故障隐患应及时通知车间并协助其整改。

这就是设备的巡查。设备管理员应在车间现场每天至少巡视 2 次（如果工厂规模大、车间多，只能分区域检查）。因为，只有设备管理员亲自到现场查看，才能掌握第一手的情况，才能及时发现问题，及时通知维修人员进行维修。如果有人为造成的设备故障，还必须告知车间负责人，对相关责任人进行处罚。

⑤ 定期或不定期制订或修改设备安全操作规程。

设备安全操作规程也是车间现场重要的文件，由设备管理员编制完成。设备管理员要经常检查该规程是否符合设备实际操作需要。例如，有的设备操作顺序已经发生变更，而设备安全操作规程却没有进行相应的改动。

在这里也要向诸位设备管理员提示一下，设备管理员自己也一定要掌握设备操作步骤。虽然，设备管理员不是设备操作者，但是，基本操作要领也要明白，这样在向设备操作人员提出疑问时才有说服力。

⑥ 负责对分管的过程绩效指标实施监视和测量并定期提供给相关部门。

绩效指标（在以后的章节中会做介绍）也是设备管理员工作中的重要一项。简单说就是定期统计诸如设备完好率、设备故障率、计划外停机率等。

每月这些设备绩效指标统计完成后，还要提供给相关部门，如工厂体系管理部门或技术部门等，所以设备管理员要会统计过程绩效指标。

⑦ 负责保存相关的记录和文件并进行归档。

设备管理员必须认真保存与本岗位相关的文件（如设备管理程序、设备台账、各种设备操作规程、各种维护保养计划及维修计划等）和记录。

文件归档也是重要的。老文件与记录都要存档。

⑧ 负责与总公司或分公司相关部门进行协调与沟通。

因为集团公司（简称总厂或总公司）一般设有管理所有分公司的设备管理部门，如机动部、装备部等。分公司的设备科，归总厂的设备管理部门管辖，分公司每月需向总厂上报当月的设备维修与保养计划、设备过程绩效指标等，总厂派人来分公司检查工作，从分公司调出一台设备等。这些一般都由设备管理员来协调处理。

以上就是企业中设备管理员的主要职责。当然各企业之间的管理方式不同，设备管理员的具体工作职责有可能不同，例如，有些工厂设备管理员还兼管安全工作，也有的兼管工装，因此也称为"工装设备管理员"，这种情况在企业中也是常见的。总之，设备管理员也要根据企业的实际工作情况来制订相应的工作职责。还有一点值得注意，就是有些设备管理教材中说到，"设备采购"也是设备管理员的工作职责，但在实际生产企业中，设备管理员是没有这个权力的，这就要结合实际情况再确定。

第四节 设备管理员应具备的能力

设备管理员应具备的能力有以下几个。

① 学历与所学专业的要求。首先是学历方面的要求，现在的企业对于设备管理员这一岗位，至少要求有大专学历，国有企业比民营企业的要求更高，外资企业还要求有一定外语能力。

再就是看看所学专业是否对口。这就要看企业是什么类型的，或是属于什么行业。一般机械制造业，都要选学机械专业的人员来担任设备管理员。

② 对在工厂或企业中工作年限的要求。一般企业在招聘设备管理员时（不仅是设备管理员，招聘其他工作岗位也一样），都要有这样的要求，特别是民营企业，都想招个"成手"，不用培养，直接上岗，为企业创造价值。一般刚走出校门的应届毕业生，就不可能有这个机会了。因为在招聘面试时，面试官都要问及你在工作中的具体业务，而只有那些有在工厂中工作经验的人，才能对本岗位日常工作说明白。

③ 具备设备管理、机械或电气维修方面的知识。这一条倒是"难倒"许多设备管理员，他们的第一句话就是："我会管理，但不会维修"。

一般企业中从事设备管理的人员，基本很少自己对设备进行维修。只有从事维修的人员，才直接维修设备，如维修电工、维修钳工等。

虽然不需要从事维修工作，但是作为一名设备管理员，必须对设备机械与电气方面基本常识有一定了解，如什么是继电器、接触器等，这些必须知道。

④ 具备管理体系知识。"管理体系"一般是指工厂或企业已经获得某种质量体系认证（如 ISO 9001、汽车行业的 TS 16949 体系等，大多数企业或工厂都已经通过以上两种认证），所以要求设备管理员了解管理体系中设备方面的要求，如设备程序文件的要求、设备台账或设备大中修计划与保养计划的编制。

⑤ 具备使用办公软件的能力。现在办公都是电脑办公，我们在电脑办公中经常用到各种办公软件，如 Excel、Word 或 WPS 等。可以说会使用这些常用办公软件是现代办公人员必须具备的基本技能。设备管

理员经常需要制作表格，提交检查报告单，如果连基本的制表、打字都不会，是无法胜任设备管理员的工作。所以想从事设备管理员的朋友们，办公软件必须掌握。

这里再加一些"额外负担"，如果设备管理员们还会 AutoCAD、Catia、UG 等制图或三维软件，那在工作中就会更加轻松了。虽然我们工作并不是像技术员那样需要天天使用这些软件，但会使用它们一定会使我们很多工作事半功倍的。

另外值得一提的是，设备管理员最好要会一门外语（如英语或日语），因为现在外资企业、合资企业比较多，和外国人打交道必须使用外语。就算不用日常交流，至少要能看懂设备说明书（英文）。

第五节 设备管理机构

企业中的设备管理机构对于设备管理员来说是很重要的，合理的管理模式会给设备管理工作带来便利，有利于设备管理员开展工作。

企业中常见的设备管理组织形式有以下几种。

① 没有独立的设备管理部门，设备管理附属于某个职能部门。

见下例：

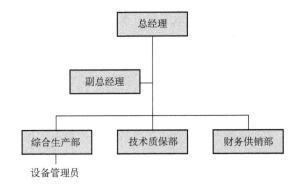

设备管理没有独立的职能部门，设备管理员归属于"综合生产部"。这种类型，在小型企业中常见。小型企业一般规模较小，设备也不多（一般不超过 100 台），比较容易管理。其中维修部门是分布于车间的维修班或是单独的机修车间。各车间设备出现故障时，需上报设备管理员,然后由设备管理员通知维修人员进行维修。这种管理组织形式的缺点是:过程较烦琐,工作费时费力。

这种管理组织形式下,常发生这样的情况:车间设备出现故障,班组长直接找维修人员,设备管理员根本不知道。

② 有独立的设备管理部门。

见下例:

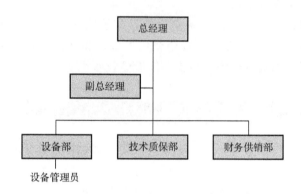

这种管理组织形式适合于大中型企业(其至集团公司),大中型企业规模大、设备数量多(100台以上),各生产车间的维修人员由设备管理部门(如设备科、设备部等)统一管理,统一对各车间设备进行维护保养。如果车间出现设备故障或设备事故,由设备管理人员直接指派维修人员进行维修,便于开展工作。

以上两种管理组织形式都是企业中较为常见的,至于采取哪种,需要根据各企业自身的实际情况来考虑。

第二章

设备点检

设备点检是企业设备管理工作中必不可少的设备管理制度，同时也是一种对设备维护保养的方法。实践证明，设备点检对于设备减少故障隐患、保证设备处于完好状态、提高设备使用效能都有显著的效果，是一种行之有效的设备管理方法。设备点检在企业的设备管理工作中得到贯彻与落实，设备管理人员要会编制设备点检表，并对点检工作进行监督。

第一节 设备点检的基本概念

设备点检是指按设备点检基准书规定的检查项目、检查方式、检查周期、判定标准等内容，由设备操作者凭感官及相应的测试工具对设备进行检查。

设备点检是设备管理员最基本的工作之一。设备管理员要给生产车间或生产线每一台设备，编制相应的设备点检表，并指导操作人员进行正确的设备点检。新上岗或即将从事设备管理员岗位的朋友们不会做设备点检表或设备点检标准书怎么办？不要着急，去找设备说明书或保养手册（一般在企业档案室或资料室），然后按照说明书或保养手册中规定的点检项目进行编制就可以了。还有一种方法就是询问车间生产班长或有经验的操作者，对某台设备平时应注意"点"的位置就可以了。现场设备操作者或班组长经验最丰富，应该向他们认真请教。

第二节 设备点检的分类

在企业中,较常用的设备点检方式主要包括:日常点检、定期点检、专项点检三类。当然也可以根据企业实际情况,增加侧重点,如专注于日常点检或定期点检等(有的企业专设一名设备点检员,专门负责这项工作)。

一、日常点检

日常点检是设备点检工作最主要的点检方式。每天对设备开机前或班中、班后,都可以进行点检,但主要还是早班上班的时候。

日常设备点检主要由生产一线的设备操作者在每班或每天来完成,利用感官(如视觉、听觉、触觉等)来对所使用的设备进行短时间的检查,按照设备点检表里规定的点检项目,逐一进行点检,并用设备点检表里规定的简单符号,记录设备状态是正常或异常,然后填写在设备点检表上。

如果设备有异常现象,如振动过大、异常噪声、螺栓松动、漏油等,可以用简单工具(如活动扳手、六角扳手等)进行调整。如果操作者不能自行处理,应立即通知专业维修人员(就是机修或保全人员)来进行维修。有些不影响生产正常进行的设备缺陷或劣化问题,可以到定期维护保养时再解决。

设备点检表(或设备点检卡)就是日常点检时所用。可以说,设备日常点检就是对设备操作者的一种自主保养设备的方式。设备管理员要重视这项工作,不能马虎大意。有些设备操作者,胡乱在设备点检表上打勾,明明是有故障的设备,也打"√"号,这样,就使设备日检工作失去意义。对设备来说,也失去了一次自检的机会。希望广大设备管理员,能够踏踏实实地做好设备点检工作,认真正确地记录好设备状态。

还有的企业(小型民营企业居多)则由班组长一个人专门点检设备,所有设备的点检表,均由其记录,操作者只管生产就行了。出现这样的情况,是因为操作者的文化水平低,无法点检设备,只好由班组长(或副班长)代劳了。但是,笔者建议企业不要采用这种方式,因为,设备主要由设备操作者来操作，而班组长是车间管理者，并不直接从事生产（当然，班组长都是由操作者中选出，对整个生产线或车间设备都比较熟悉），操作者最有"发言权"，只有他们才知道设备平时的实际工作状态。工作时间一长，就"自动"地有经验了。就算是文化程度不高的操作者，也能说出自己使用设备的特点。而班组长代为点检，一方面不利于班组长完成自己本职工作；另一方面也不利于培养操作者的自主维护保养的意识。因此，从长远考虑，应该对操作者进行培训，使他们自己会点检。培养设备操作者自主养护设备的意识，对设备管理工作来说，是非常有用的。

还有一点就是，除了由班组长培训操作工人点检外，设备管理员更有义务、责任培训操作人员点检方法。换句话说，这也是设备管理人员的主要工作。

日常点检方法有很多种，较为常用的是：看、听、试等。

1. 看

看也称为目视，主要是通过点检人员的眼睛来观察设备点检部分是否异常。大多数点检方法，是以看为主要的（操作人员的视力一定不能太差）。但这里也要注意，设备管理员在制订设备点检标准书时，一定要把"看"的点检部位明确地指认出来，也就是能够让点检人员一眼就看到。而不是点检部位十分"隐蔽"，点检人员怎么看都看不到。这就影响工作了，试想一下，如果一个车间操作者，正在设备点检时，对点检部位找了半天也没看到，会出现什么情况？一方面可能会导致点检人员愤怒；另一方面也能够体现出设备管理员的业务水平不高。所以，设备管理员在制订点检部分时，如果是"看"，就要求能够清晰（不费力）地看到点检点。

另外，在一些设备（如点焊机、焊接机器人等）点检时，"看"一定要注意安全，必须戴上防护镜，以免损坏视力，或者可以在设备"停止"情况下进行点检。

2. 听

"听"一般指操作者要靠听觉来判断设备点检部分是否正常，例如，电动机运行时有无异常噪声等。

有人认为，车间现场本身会有一定噪声存在，设备操作者在点检时，用听觉来点检设备某个部分，有时会出现听不清的情况，所以对这种点检方法持否定态度。

有些企业或工厂，确实存在着车间现场噪声大的情况（如冲压件厂），但是，操作者在点检时，用"听"的方式来点检，还是能够"听"出异常的，这已经在实际工作中得到检验。例如，在工作前点检时，一般设备也不会同时开动，完全能够"听"出异常情况。

3. 试

"试"（手动）就是指试验一下设备或设备附件，通过"试"来判定其点检部分是否正常。"试"的点检方法，在点检工作中，使用频率还是比较高的。一般设备操作者也较喜欢采用这种"徒手"的方式来进行点检。通过这种方法，往往能够一"试"就知道点检部位是否正常。

但是，在进行"试"的方法时，必须要注意安全。能够"试"的部位可以"试"，不能够"试"的部位坚决不能试，如电闸箱、电控柜等。设备管理员在制订点检标准时，一定要事先弄清楚，哪些是允许"试"的，哪些是不允许"试"的。

二、定期点检

定期点检也是企业常用到的点检方式。一般由企业专业维修或保养人员来执行，和定期保养类似。

定期点检是有计划周期的设备检查，根据企业设备型号不同，确定不同的点检周期计划，一般分为周检计划（每周点检）、月检计划（每月点检）、季检计划（每季度点检）。在制订各点检计划时，也要考虑工作量大小和节假日休息的关系（这和定期维护保养差不太多）。

在这里也和大家说明一点：如此"频繁"的点检工作，只能在规模比较大的企业里才能进行，在中小型企业，是无法开展的，这需要一定人力、物力。所以，设备管理员在制订定期点检计划时，一定要根据本企业实际情况，否则计划编制完，没有人去执行，是白费功夫。

当然，也可根据实际情况，适时调整点检计划。同时，点检周期计划必须事先和生产部门协调（特别是新上岗的设备管理员，一般都容易忽视这一点，只顾自己编计划，却不联系实际地想想会不会影响车间生产，等计划编制出来后，不能执行，又白忙了），不能影响生产。还要参考往年的维修记录、设备点检卡、生产记录、设备实际状态和经验修改和制订点检周期，使其更加趋于合理。

定期点检主要由工厂车间维修人员（如各车间所属维修班）和设备管理员进行。这时除利用感官和专用工具以外，还需用一些专用测量仪器（例如电子测温仪）来辅助检测。在定期点检中发现设备问题，如果在现场能修理的，应当立即修理；能维护的，应当场维护；能保养的，也应当场保养。例如油箱里油位低于油标，就应该立即添加机油；冲裁机模具螺栓脱扣，就应该立即更换螺栓；油杯里缺润滑脂，就应该添加相应型号的润滑脂。如果不能立即处理的，可以列入设备大中期维修计划或设备年度维护保养计划内。

三、专项点检

专项点检也称为项检，就是针对设备某些专门的项目进行点检，而不是全部点检。

专项点检主要由企业专职的维修人员（如机动部门维修车间）和技术部门工程技术人员及设备管理员共同参与，针对设备某些特定的项目，如设备的精度、某项或某些功能参数等进行定期或不定期的专门点检测定，主要目的是了解设备的技术性能、专业性能能否对产品产生精度、尺寸、重量等影响；对设备能否长期运行不出故障进行评估，以保证设备正常运行。点检时，必须要携带一些有技术含量的精密点检工具和专业仪器如手持式振动检测仪、无接触测温仪进行检测。在进行专项点检时，点检人员应先听取设备操作者对一个时期以来设备运行情况的信息（设备管理员要认真听取一线设备操作者的意见，而不是"盲目自大"，自以为是地认为小小的操作者能有什么好意见。这种想法是极端错误的。设备管理员只有询问清楚操作者对设备常见问题的反映，才能做好针对性的检查）；查看最近一周或一个月的设备点检卡；询问车间维修人员的意见，以判断出设备的综合情况。在专项点检中发现的设备问题，能够处理的，必须及时处理，不能够现场立即处理的，应先记录在预修计划表中，同时，征求生产部门和技术部门意见，提出维修需求，并在尽可能短的时期内，如利用休息日，调集维修人力、物力进行维修。

第三节 设备点检标准书

设备点检标准书（也称为点检基准书）是指用于规范点检工作实施的一种标准性文件。设备点检标准书规定了设备的点检方法、点检内容、点检部位、判定标准等，如图2-1和图2-2所示。

××××冲压有限公司

文件编号

设备点检标准书

发放编号：　　　　　　　　　　编制：

受控状态：　　　　　　　　　　审核：

版　本：A/0　　　　　　　　　批准：

2013-01-01发布　　　　　　　2013- -实施

×××××××有限公司　　　　　　　发布

图2-1　设备点检标准书（1）

	××××冲压有限公司管理文件	文件页码：1 of 1
		文件版本：A
	悬挂点焊机点检标准书	修订次数：0/0
		文件编号：SX-SB-DJ

序号	点检方法	点检内容	方法与部位	序号	点检方法	点检内容	方法与部位
1	看/试	挂链、挂钩、钢丝绳		10	试/看	滑车、导轨	
2	目视	电极直径、表面质量		11	看	油雾器油位	
3	手感	焊接电缆发热程度		12			
4	看/听	焊钳气缸、电极		13			
5	看	控制箱指示灯、按钮		14			
6	看/听	水、气管表面		15			
7	看	水流量视窗		16			
8	看	变压器固定螺栓		17			
9	看	焊钳吊环		18			

图 2-2 设备点检标准书（2）

设备点检标准书应和设备点检表配合使用。每台设备一般先有设备点检标准书，而后，根据设备点检标准书的内容才能编制出设备点检表。

在企业实际工作中，设备点检标准书有各种版式，图 2-1、图 2-2 给出的只是一个样表，供大家参考。但是，设备点检标准书版式不是固定的，只要符合工作要求，可以根据企业实际工作情况，制订出适合自己企业的版本。但是有一点大家一定要注意，就是设备点检标准书和设备点检表是配套使用的，其相关内容与设备点检表是一致的。例如，设备点检标准书中规定有几项点检部分，那么，在设备点检表中就应该有与之对应的内容。

在一些小型企业中，常常是没有设备点检标准书，只有设备点检表。在这些小型企业中，有设备点检表就够用了（当然，能够做设备点检标准书，那就更好了），只要能达到设备点检的目的就可以。设备管理员不要教条主义，要灵活掌握。

第四节　设备点检表

设备点检表（也叫设备点检卡）是根据点检标准书制订的一种检查记录表，点检人员按规定的点检部位、内容、方法等进行点检，并用简单的符号记录，为分析设备状态和预防维修提供依据，如图 2-3 所示。

设备点检表的表单样式是多种多样的，图 2-3 只是其中一种。

但是，设备管理员选用设备点检表时，对点检表中的内容、格式、点检项目等诸多要素，一定要编排合理，内容简练、易懂（千万不能弄得跟程序文件似的）。因为设备点检表主要是给操作工人使用的，点检内容一定要适合操作者本身的素质水平。

在这里郑重提醒一下设备管理员，编制设备点检表，一定不要过于复杂，设备点检表一张（一页）就可以，加上设备点检标准书，两个文件配合使用就足够了（两张表）。有些工厂弄得仅一个设备点检表就有好几张，还有设备点检标准书、设备点检基准书等，这样，不仅加重了操作工人的工作负担，同时，操作人员也有一定的抵触情绪。总而言之，简单实用即可。

焊接生产线设备点检表

设备名称：悬挂式点焊机　　设备型号：DN-200　　设备编号：　　点检月：9月　　SX/SP06-SB-01
车间负责人：

序号	点检部位	点检内容判定标准	1	2	3	4	5	6	7	8	9	10	11	12	13	14	15	16	17	18	19	20	21	22	23	24	25	26	27	28	29	30	31
1	挂链、挂钩、钢丝绳	无开焊、磨损、断股、松动和脱落现象																																
2	电极直径、表面质量	电极表面无氧化																																
3	电缆发热程度	连线工作用手感判断无异常发热																																
4	焊钳	气缸、电极漏气、漏水、连接螺栓																																
5	控制箱	指示灯按钮正常																																
6	水、气管	无磨损、无泄漏																																
7	水表	水流量窗无污物																																
8	变压器	固定螺栓																																
9	焊钳吊环	吊环无裂纹、无变形																																
10	滑车、导轨	滑车活动自如无位移、固定车靠																																
11	油雾器	油至上下刻度中间																																
	点检人																																	
	点检确认人																																	

注：填写"√"表示正常；"—"表示异常待检修；"×"表示已损坏；"S"表示休息；需要认真点检，填写与实际情况相符合，如填写不真实追究点检人责任。

图 2-3　设备点检表

另外，填写设备点检表最主要的就是真实、有效。在一些管理不完善的企业，设备点检表存在不严格按照真实情况填写的现象，还有就是操作者不认真填写设备点检表，如字迹潦草、随便涂改。这都需要设备管理员和车间领导及时沟通，监督操作工人如实、正确地填写设备点检表，端正其工作态度。

还有一点就是设备管理员要经常对设备操作人员耐心讲解设备点检表的用处（如有必要，可以采用培训的方式）。设备管理员在车间一线巡查时，经常能遇到操作工人问设备点检表是作什么用的，为什么要填写设备点检表，不填有什么后果等问题。因此，设备管理员自己就先要明白设备点检表是干什么用的，为什么要填写设备点检表（有些设备管理员确实不明白）。填写设备点检表，不是为了应付审核与检查，而是通过操作人员对设备进行点检，从而对自己所负责的设备的运行情况有一定了解，便于进行自主维护，保证设备正常运行。有些设备生产车间操作人员是"计件"工资制，如果设备停机时间过多，那么，操作人员个人损失就会加大。如果爱护自己使用的设备，每天如实点检与自主维护，那么，自己的设备就会"回报"自己。所以，车间设备操作人员进行的设备点检工作，实际上就是为了自己增加效益。企业也能通过设备操作人员认真负责地点检设备，使设备减少故障，多生产产品，产生更多经济效益。

第五节　设备点检的主要工作

设备点检的内容随着设备种类的不同和工作条件的不同而差别较大，但目的都是维持设备所规定的性能，所以设备的点检都必须做好如下工作。

一、确定检查点（定点或定部位）

确定设备点检的检查点，这在制订设备点检表点检项目时非常重要。大家要记住，在工厂中使用的设备点检表，点检项目主要是由操作工人来完成的。因此，如前所述点检的"点"一定要选择让操作工人能够看得见、摸得着、听得清的设备部位。但切记不要把设备的关键且核心的部位让操作工人来点检，设备关键部位是由专业维修人员来检查的，操作工人不一定能点检到。

这种情况在工厂中极其常见。特别是新上任的设备管理员，没有工作经验，往往凭空想象或随便在网上下载一些设备点检表，就给操作工人使用。要避免这种情况发生，最好的办法就是请教生产一线的工人师傅或参考设备说明书。

二、确定点检人员（定人）

主要是确定点检工作由谁来点检、谁来负责实施。

日常点检，由设备操作者负责，点检结束后，要填写相应的记录（设备点检卡）。定期点检由工厂各车间的维修人员负责，点检结束后也要填写相应的记录。专项点检由工厂专职维修人员或设备管理员（有的工厂设立专职点检员）人负责，点检结束后仍然是要填写相应的记录。以上各负责人就要点检好各自辖区的设备，如无特殊情况，人员不要频繁变动。

前边已经说到，设备点检表就是由设备操作者负责，点检结束后，要把设备点检表存放在工位旁边的文件夹中。每台设备旁边都要有个文件夹或储存盒，专用于放置现场作业文件，如设备点检表或工序点检表、停台工时记录等。设备点检表每月底由班长统一收回，交给设备管理员进行存放。同时，设备管理员将下个月的新设备点检表交给班长，再由班长将新表发放到每个操作者手中。

值得一提的是，有些工厂的操作人员往往把设备点检表弄得特别脏（沾满了油污、油泥，都写不上字了），如果出现这种情况，设备管理员必须与生产相关领导反映，要求其整改，如再有类似情况，给予一定处罚。因为设备点检表是要存档备案的，如有审核（例如：二方审核或三方审核），是要给审核老师们检查的。如果，设备点检表严重脏污，会给审核方带来不好的印象，认为设备管理工作不规范。但是，如果设备点检表太干净了，就像新打印出来的一样，则有可能给人感觉有不真实的嫌疑，毕竟在生产车间一线，怎么可能有太干净的设备点检表呢。所以，设备管理员一定要注意，扎扎实实做设备点检，尽力保持设备点检表整洁、记录清楚。

三、确定点检周期（定期）

确定点检周期就是确定每隔多长时间进行一次设备点检（如每周、每月、每季）。大多数工厂都是月检，即以月为单位。每张表分成 30 天或 31 天，每日点检一次，月末收回。

确定点检周期同时也要考虑设备的实际运行情况（设备是否能维持生产或设备是否能处于安全状态）、生产工艺的特点等因素。只有参考这些情况，才可以进行不断的改善，以制订出最佳的点检周期。

在企业实际工作中，绝大多数是以月为单位进行点检的（即每台设备，每个月有一张设备点检表，记录本月点检情况；一年下来，每台设备正好是 12 张）。每月点检表填写完成后，由所在的班组长收回，再交由设备管理员存档，同时，设备管理员把新的设备点检表交组班组长，班组长将这些新的设备点检表发放到每个操作者的手中。

设备管理员在收回各车间的设备点检表后，一定要保存好，不要丢失（一旦丢失，再补就困难了）。特别是在大中型企业，设备数量多，设备点检表也多，在存档时，一定要分类存放，并标明标识，以备查找。

四、确定点检标准（定标）

点检标准是指一个点检项目测量值的允许范围，这是判定一个点检项目是符合设备技术要求的依据，如电动机的运行电流范围、液压油箱里的油压是否达到规定的范围等。点检标准主要根据设备制造厂家提供的技术资料（如使用说明书、电气说明书等）里面提供的数据并结合实际的使用情况来制订。

设备标准中，如果有测量值范围的（如电流在多少范围之间，温度在多少度以内等）一定要根据设备运行的实际情况来制订标准，设备管理员要到车间现场亲眼观察设备运行时的实际数值，得到确认结果后，再制订标准。有的设备管理员会说："我们根据设备操作手册的技术参数不就行了吗，不用到现场实际观察"。这是错误的观点，因为有的设备操作手册中的确给出了准确参数，但是仍有一部分参数是在设备运行实际状况下给出的，设备一旦实际运行起来，受工艺、压力、气压等因素的限制，其参数值往往和设备操作说明书中给定的数值不同。如果，简单按照设备操作说明书中规定的数值进行点检，有可能会引起很大的误差。所以，设备管理员一定要按照实际的测量值来给定点检标准。

五、确定点检方法（定法）

根据点检的要求，确定各点检项目所采用的方法，即完成各个点检项目的手段，确定怎样点检和用什么工具进行点检，如日常点检中设备操作者主要利用感官来完成，例如视觉（目视）、听觉（耳听）、触觉（手摸）。定期点检中车间维修人员利用专用维修工具（扳手、螺丝刀等）来完成。专项点检中工厂专职维修人员则需用配备精密测量仪器来完成。

在这里补充一下车间专业维修人员的点检方法（就是机修点检设备）。在维修人员（也可能叫维护保养人员）用一些专用工具对设备进行点检时，要注意以下几点。

1. 保持点检工具（仪器）的完好

有些企业的设备维修人员，在使用工具时，盲目性很大，存在野蛮使用工具的行为。常常是维修一次，工具就损坏。这种现象，设备管理员要管理得当，在分给维修人员工具时，一定要上账管理，损坏要赔偿，这样，才能够避免过度使用工具造成工具损坏的行为。

2. 进行专项点检时，工作时间不宜过长

有企业在进行设备专项点检时，弄得和定期维护保养一样，甚至差点大拆设备了。之所以出现这种情况，完全是对专项点检的概念没有弄清楚，甚至说不明白如何去做。专项点检也是一种点检，和设备操作者点检方式一样，只不过，有些点检部位设备操作者点检不了，需要专业的维护人员进行点检，而不是维护保养更换零部件甚至大修设备。出现这种问题，有时也和设备管理员有关系，设备管理员本身就没有领悟"专项点检"的概念，所以，导致指挥无方。

六、确定点检记录的分析（分析）

设备点检表每月回收上来以后，并不是就存在档案柜里就完成的，而是要根据当月设备点检情况，分析本月设备运行状况是否正常。设备点检是为编制设备档案、设备维护保养计划、设备检修计划提供基本数据的。

可是在实际工作中，设备管理员往往没有把设备点检表当成一种分析工具来使用，大多数都是把设备点检表收回直接锁在档案柜中，如果有审核（包括内审），就把设备点检表拿出来给审核人员看。

第六节　设备点检的监督、检查和评价

设备点检工作由相关人员执行以后（主要是操作者），必须对其工作效果、完成情况进行监督、检查并评价，这样才能真正落实点检工作，提高设备的使用效率。

一、设备点检的监督

设备点检的监督工作由企业机动部（或是设备部、设备科）指派专人（如设备管理员）来完成。

设备管理员可以采用专项抽检和巡检相结合的方式对点检结果和落实点检工作的质量进行监督。

设备管理员在监督时，也要做好相关记录，并将各车间或工段设备点检和落实情况如实反馈给上级主管领导。设备管理员在车间现场执行监督工作时，不仅要监督设备操作者的工作情况，也要监督车间领导如车间班组长、工段长对于设备点检是否支持、认真落实。因为，此时，设备管理员是代表企业设备管理部门对所有使用设备操作个人和使用设备部门领导进行监督。也可以说，设备管理员是代表企业对设备点检情况进行监督的，所以要有一定力度，将情况如实反映给企业领导。

二、设备点检的检查

设备点检的检查工作由工厂各车间及相关部门的设备工程师（或保全工程师、设备管理员）工长（段长）、班长来完成。

各负责人应定期检查所负责区域的点检工作落实情况。建议车间主任每半月检查一次，工段长每周检查一次，班长每三天检查一次。设备管理员应随时进行抽检，对点检工作和设备点检表的记录情况进行检查。

设备管理员如在检查过程中发现问题，可以立即对设备操作者进行指正。设备操作者也可以主动向设备管理员了解设备点检的一些问题，

设备管理员应在现场予以解答。

在这里再强调一下设备点检表的回收，如前所述，设备点检表每月填写完成后，由生产车间班组长或工段长统一收回，交至设备管理员处，由设备管理员进行统一归档。设备点检表也是体系文件中重要的一部分，一般保存期限在 3 年以上（个别的能达到 15 年），所以，设备管理员一定重视设备点检表的保存工作，不能丢失，要放在专门的档案柜里保存好。

三、设备点检的评价

设备点检评价工作由企业设备管理部门会同生产部门共同完成。

设备点检评价工作也同样重要，这关系到对设备点检人员工作积极性的提高与鼓励。给予设备点检表记录优秀的设备操作人员一定奖励，对于提升整个设备点检工作的效果，有着很大的作用。

每个月或每季度（根据企业实际情况制订）对企业各车间或工段设备点检情况进行一次综合评价，并在企业宣传栏里（各车间、工段看板上面），用工作文件的形式，对表现优秀的单位或个人进行表扬，对认真填写设备点检表并真实进行点检的操作人员，要给予一定的奖励，并对其所在班组或工段予以奖励。

如遇到有不及时填写（不点检，就开动设备进行工作，这种情况经常见于管理混乱的企业）或干脆没有填写设备点检表的操作人员，首先要和其班组长沟通，然后根据情况进行相应的处罚。

第三章 设备台账

设备台账是企业设备资产的数量统计汇总后的书面文件。在企业中，无论是设备主管或设备管理员及设备工程师（或称保全工程师），只要和设备管理工作相关的工作人员，都必须掌握设备台账的编制方法。同时，设备台账也是设备文件中首要的工作文件，设备检修计划、设备维护保养计划、设备档案等都是以设备台账为基础数据而编制的，因此，设备管理人员要如实做好设备台账，为企业设备管理工作打下坚实的基础。

在实际工作中，做好设备台账，会正确填写台账中的相关内容，是设备管理员的基本功之一。在有些企业招聘设备管理员时，也将是否会编制设备台账作为考核标准。从编制到填写设备台账相关内容，就能够看出设备管理员的"功底"如何。所以，作为一名合格的设备管理员首先要会编制设备台账或填写设备台账相关内容。但是，实际企业中也确实有设备管理员不会做设备台账，而且也不明白台账中的内容都代表什么意思的。出现这种情况，一方面是设备管理员本身存在着理论知识不足的情况或是对设备管理不了解（勉强上岗）；另一方面，也是企业没有做好培训工作，没有人教他如何进行设备台账的编制。下面，我们就来讲讲设备台账及其编制方法。

第一节 设备台账的基本概念

设备台账（也称为设备清单）是掌握企业设备资产状况、反映企业各种类型设备的数量、型号、出厂编号、设备制造厂家等相关设备信息的主要依据，是工厂或企业设备管理工作文件中最基础的设备文件。

可以说，设备台账是每个企业设备管理部门必备的工作文件之一，所以，设备管理人员必须认真填写与编制设备台账。

在这里提醒大家，设备台账不仅是给设备管理员一个人看的，一般企业的领导（总经理或副总）也都是要看的，或是会留存一份，以查看本企业设备资产情况。企业做二方审核或三方审核时，设备台账也是必审文件之一。

所以，设备管理员在编制设备台账时，一定要将其相关内容填写清楚，如技术参数、设备型号（最为重要）等，数据要力求准确。编制过程中一定要严谨、细心。

第二节 设备台账的编排方式

在企业实际工作中，设备台账一般有以下两种编排方式。

一、以车间、部门为单位编排

如图3-1所示，这种编排方式的优点是能够快速查找各车间、工段、部门的设备数量或是型号、规格。企业或工厂通常都采用这种编制方式。

现在将台账中相关内容做一下解释。

1. 序号

序号就是设备台账的流水号，代表设备的数量。从"1"开始到最后一台，可以清晰得知台账中设备的总数量，便于统计设备数量。所以在编写设备台账时（或设备清单）必须填写清楚序号，一台设备一个序号，即使设备型号相同，也要用两个序号不能共用一个序号，以免造成设备数量不准确。

设备台账

序号	设备编号	设备名称 设备型号	制造国别 制造单位	出厂日期 出厂编号	安装日期 投产日期	使用部门 安装地点	电动机 数量	电气总容量/kW	设备总质量/t	设备分类情况 一般	设备分类情况 关键	备注
1	BT-Y-035	闭式双点压力机 J36-1600A	中国 济南第二机床厂	2011-01 10J338	2011-07 2011-08	冲压车间 薄板生产线	4	67.04	200		√	
2	BT-Y-060	闭式双点压力机 JA36-800D/2	中国 济南第二机床厂	2010-10 10J336	2011-07 2011-08	冲压车间 薄板生产线	4	67.04	200		√	
3	BT-Y-061	闭式双点压力机 JA36-800D/2	中国 济南第二机床厂	2010-10 10J337	2011-07 2011-08	冲压车间 薄板生产线	4	67.04	210			
4	BT-Y-018	闭式双点压力机 JG36-800	中国 营口锻压机床有限公司	2008-03 0801	2011-07 2011-08	冲压车间 薄板生产线	4	102.4	210			
5	BT-Y-065	闭式双点压力机 JH36-630A	中国 营口锻压机床有限公司	2009-01 0802	2009-02-16 2009-03-16	冲压车间 薄板生产线	4	102.4	145			
6	BT-Y-067	闭式双点压力机 J36-400C/14	中国 济南第二机床厂	2011-03 10J113	2011-07 2011-08	冲压车间 薄板生产线	5	64.25	145			
7	BT-Y-062	闭式双点压力机 J36-400C/14	中国 济南第二机床厂	2011-03 10J112	2011-07 2011-08	冲压车间 薄板生产线	5	64.25	145			
8	BT-Y-054	闭式双点压力机 J36-400C/14	中国 济南第二机床厂	2011-03 10J111	2011-07 2011-08	冲压车间 薄板生产线	5	64.25	145			

图 3-1 设备台账

如果设备报废或转让（从企业运走）要及时更改序号，将设备从设备台账中去除，以免造成数量不准确。

2. 设备编号

设备编号（见图 3-2）在每个企业中都有不同的编写方式，给设备进行正确编号是设备管理员必须掌握的技能之一。

示例一：

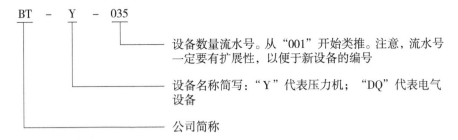

图 3-2 设备编号

大家要注意一点：设备编号与下面即将介绍的设备型号不一样，设备编号是企业设备管理部门为便于管理与统计（固定资产）自行设定的编号。其编号编排方式由企业自定。而设备型号是由设备制造厂家制定的，设备出厂时就已经制定好的，不能自行更改。

另外，本例中的设备编号编排方式供大家参考使用。各个企业编排编号都有不同方法，大家可以根据企业实际情况自行编号。

3. 设备名称

设备名称是设备出厂时就已经有的规定好的称呼，而不是随便起的。在设备台账填写时，一定要写清、写全设备的全称与官方标准名称。以设备本身的铭牌为主或与按照设备出厂技术说明书的名称（见图3-3），不能以自己的习惯叫法在设备台账中进行登记。在一些企业中，经常把设备叫得简化了，例如，普通车床叫成"普车"，压力机叫"压床"，台式钻床叫"台钻"。尤其是一些老师傅们经常这么叫，在口头上这么称呼可以，但是，在设备台账中，不能这么登记，必须要用标准叫法。这一点一定要注意！设备名称要写全，如压力机，不能在台账中直接登记为"压力机"，这是不正确的，没有把设备名称写全。压力机有很多种，如开式压力机与闭式压力机，闭式压力机又分为单点压力机与双点压力机，开式压力机也分为固定台式与可倾式压力机等，所以在做设备台账时，一定要按照设备制造厂家的信息来注明设备名称。

图3-3　设备名称

请大家一定要按照设备制造厂家的出厂设备技术铭牌上的名称来填写设备台账！

4. 设备型号

设备型号（见图3-4）是设备制造厂家按照国家相关行业标准制定的，是能够代表设备属性与基本技术参数的一种代码。设备型号在设备制造厂家出厂时，就已制定完成。使用该设备的企业不能随意更改设备型号。

从这里就可以看出"设备型号"与"设备编号"根本不同。

下面以闭式双点压力机为例，说明一下设备型号所代表的意思。

图3-4所示的闭式压力机的设备型号表示方法，是按照国家行业标准的规定（机械压力机也是锻压设备中的一种），锻压设备的型号由锻压设备名称、结构特征、主参数等项目的代号组成，用汉语拼音字母和阿拉伯数字表示。

图 3-4　设备型号

图 3-4 中型号"J36-1600A"的含义如下。

"J"是机械压力机类代号,是机械压力机中"机"字汉语拼音的第一个字母,用汉语拼音正体大写字母表示。

"36"表示压力机的组、型代号,见表 3-1。"3"代表压力机的组,即第 3 组"闭式压力机";"6"代表压力机型号,即第 6 型,合在一起"36"即表示为闭式双点压力机。

表 3-1　通用压力机的分类和组型代号

组	型	通用压力机名称及代号
1——单柱压力机	1	11——单柱固定台压力机
	2	12——单柱活动台压力机
	3	13——单柱柱形台压力机
2——开式压力机	1	21——开式固定台压力机
	2	22——开式活动台压力机
	3	23——开式可倾压力机
	4	24——开式转台压力机
	5	25——开式双点压力机
	8	28——开式柱形台压力机
	9	29——开式底传动压力机
3——闭式压力机	1	31——闭式单点压力机
	2	32——闭式单点切边压力机
	3	33——闭式侧滑块压力机
	6	36——闭式双点压力机
	7	37——闭式双点切边压力机
	9	39——闭式四点压力机

"1600"表示该设备的主参数。通用压力机的主参数是公称压力，用法定计量单位的"kN"的1/10表示。此例的"1600"表示公称压力为16000kN。

"A"表示改进设计代号，以A、B、C、…表示。当压力机的结构和性能做了改进时，称为改进设计。本例的"A"表示第一次改进设计。

本例中，只列举了关于压力机的设备型号解读。其实，所有设备的型号中，各种数字、字母、符号都代表着特殊的意义，作为一名合格的设备管理员，就要"见多识广"，要熟悉各种设备型号的意义，如常见的数控车床、加工中心、剪切机等设备，这样，在实际的工作之中，才能管理、维护好设备。

5. 制造国别

"制造国别"就是设备是哪个国家制造的。设备由哪个国家制造就填写哪个国家的名称，如国产设备就填写"中国"。现在企业里，进口设备越来越多，所以要写清楚设备的制造国家。

在实际工作中，"制造国别"很重要，在填写设备台账时，记住不要填错了。例如在中德或中日合资企业中，大部分设备是由外国投资方购买的（一种投资），如果在设备台账中将其"制造国别"填错，容易给设备售后维修工作带来一定困难。因为，设备制造国别和设备制造厂家名称，基本由设备台账提供的信息确认，企业其他部门（技术、质保、采购等）也都会以设备台账信息为参照，一旦出现错误，不仅对本部门造成工作失误，也会对其他兄弟部门造成一定影响。

6. 制造单位

"制造单位"（也称为制造厂家）就是指设备是哪个企业制造的，由哪个企业制造就填写哪个企业。一般在设备出厂铭牌或说明书中都标有设备制造厂家。

在这里还要和大家交代清楚，在一些企业或工厂中，一些设备管理员往往把设备制造厂家"简写"，如"济南二机床集团有限公司"就有写成"济二"的，"沈阳第一机床厂"也简写成"沈一"，这种情况在编写设备台账时，是绝对不允许的。因为设备台账在许多企业中是受控的程序文件中的规定文件，填写必须严谨、规范。

7. 出厂日期

出厂日期（见图3-5）一般都由设备制造厂家在出厂时标明。出厂日期一般标记在设备铭牌上或在说明书及技术资料中，在设备合格证上也有标注。设备出厂日期也是计算设备使用年限的起始时间，所以设备管理员必须认真记录。

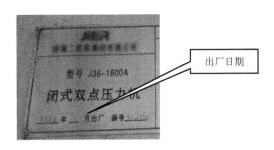

图3-5　出厂日期

设备出厂日期也是提供设备保修期（保质期）的重要依据。企业在购买新设备时，一般都会有一定期限的保修期（不同设备制造厂家有不同的质保期限，一般有1年、2年或3年），过了保修期以后，设备制造厂家就不会提供免费的保修服务，通常需要收取一定的维修或备件费用。所以，在设备台账中登记设备出厂日期时，要以设备出厂铭牌上所标记的日期为准，以便准确计算设备保修期或设备折旧。

8. 出厂编号

设备"出厂编号"（见图3-6）也是设备台账中不可或缺的一项，是设备制造厂家在出厂时，赋予设备的一种编号，具有唯一性，即每台设备上只有一个出厂编号。这也是便于工厂进行设备管理、设备清点的重要的识别代码。

出厂编号也是由设备制造厂家在出厂时就已经为设备制定完成的，不是企业设备管理员"自定"的，不要与"设备编号"混淆。

另外，出厂编号还有一项作用，那就是生产企业在需要设备制造厂家提供技术维修支持时，往往需要提供报修设备的出厂编号。

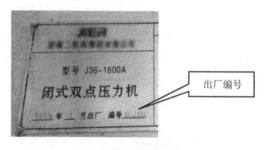

图 3-6　出厂编号

9. 安装日期

设备"安装日期"是指设备由设备制造厂家运抵到使用企业后,安装完成的时间。在这里要注意的是,设备安装完成,并不代表立即投入生产,因为必须有一段调试的时间,不能与下面要讲的投产时间相混淆。

例如,某汽车零部厂从某机床厂购进一台加工中心。10 月 7 日运抵汽车零部件厂,10 月 8 日,开始在车间安装设备。10 月 9 日完成并等待厂家调试人员到来与汽车零部件厂技术人员一起完成调试。这里的 10 月 8 日就是设备的安装日期。

设备安装日期也非常重要,它能够体现出设备安装的实际时间。在实际工作中,有些设备不知道何时安装、何时投产,就无法对此设备进行技术、维护保养工作的大概评估。缺少设备安装日期,也给设备档案建档带来很大困难。因此,设备管理员工作时要认真、务实,把设备安装日期及时、准确地填在设备台账中,以免时间一长,加上工作比较忙,导致忘记填写或者填写时忘记具体时间。

10. 投产日期

设备"投产日期"就是指设备经过调试及试运行一段时间后,正式投入生产的日期。这个日期是设备的定期保养、维护的起始日期,如某新设备规定首运行一个月后,更换一次液压油,那么这"一个月"的时间,就从投产日期开始计算。

设备投产日期,实际上就是设备正式运行的日期。因为,在企业实际工作中,设备安装完成后,并不代表可以马上投入生产运行,需要一定时间的试运行,看看新设备在运行过程中,会暴露什么样的问题。

注意:一般这个时期,设备厂家人员都还在企业现场,一旦设备出现问题，他们可以马上解决，设备管理员要好好利用这个机会，多向设备厂家人员请教设备维护保养知识，同时也要组织本企业设备维修人员培训学习。

在新设备试运行结束后，将运行期间的设备故障一一排除，设备才可以进入投产阶段。从这个时间开始算起，为设备正式投入日期。

11. 使用部门

使用部门就是新设备进厂后由哪个部门使用，如闭式双点压力机由冲压车间使用，因此在设备台账的"使用部门"栏中就填"冲压车间"。

注意：设备由哪个部门使用，就由哪个部门负责保管，同时必须每天进行点检与清扫。设备发生部件损坏与丢失，人为造成设备故障和违章操作的，要追究该部门领导的责任。所以在登记设备台账时，一定要登记清楚设备的使用部门。

如果发生设备调移情况，设备管理员一定要及时把调动的设备归到设备现在所使用的单位或部门中。例如，将原属于冲压车间的砂轮机调到焊装车间后，设备管理员就应及时在设备台账中，将砂轮机变更登记到焊装车间，而不能继续留在冲压车间中。

12. 安装地点

安装地点就是设备进厂后，在车间中的实际作业地点。例如，空压机安装在车间空压站，数控车床安装在底盘车间后轴生产线等。有的企业规模比较小，只有一个车间，那么就以车间生产线为单位，标明设备所在的位置。

有人会觉得，这个"安装地点"实际没什么用处，因为在设备台账中，有个"使用部门"，再填安装地点，显得多余了。例如，有些设备管理员会想，砂轮机归属在冲压车间，反正都是在冲压车间，就没有必要再填写安装地点了，因为，安装地点也是在冲压车间里，没有跑到其他地方去。

可是在实际工作中，会发现设备台账中有个设备"安装地点"是非常方便管理与查找的，结合前例，砂轮机虽然在冲压车间中使用，但是冲压车间也分为大冲线、小冲线、液压机线等几条生产线。如果把砂轮机放置在冲压车间大冲线使用，在设备台账中可以更加明确地定位，一看就知道此砂轮机的准确位置。特别是在年终盘点设备时，会起到重要作用。

13. 电动机数量

电动机数量就是设备上电动机的总台数，有几台就写几台。可以参照设备说明书，或一般的技术资料与说明书。但在这里还是要提醒大家，为了使工作更细致、更严谨，还是要到设备现场，看看到底有几个电动机。因为有的设备说明书往往只标注主电动机，其他辅助电动机就省略了，因此，必须到现场看一看实际设备上电动机数量。

现在的企业设备（无论是大型、小型设备，还是高端精密设备）中，电动机始终是设备整体部件中重要的一环，在设备实际运行中，因电动机损坏造成的设备故障高居不下。甚至出现，电动机一坏（主电动机），设备立即不能工作。对电动机的维护保养，也占到了设备维护保养中的一半左右。为什么在设备台账中，也要把电动机数量明确地列出呢，就是因为，从设备台账中得知设备的电动机数量，从而为制订设备保养计划或设备检修计划提供一定的依据，同时，也为设备台账的内容结构提供一份比较重要的设备信息（当然也可以不加在设备台账中）。

在一般的设备台账中是没有"电动机数量"这一栏的，它是一个可选项，大家可以根据自己单位的实际情况决定是否设置这一栏。

14. 电气总容量

此项也是可选项，在设备台账中可以不加入，在本例中，主要是指设备上电气方面的容量，如电动机的总功率、电气柜断路器的额定电流等。

电气总容量也有助于分析整个车间所用的电气使用量，统计设备电气方面总容量一定要计算准确。

15. 设备总重量

设备总重量是指整个设备的重量，一般在设备说明书中或出厂铭牌都有标注，直接登账即可。记录设备总重量有助于将来搬运设备（从这个车间移调到其他车间）时，参考选择用什么样的搬运设备。

"设备总重量"栏虽然也是可选项，但还是建议在设备台账中列入。如前所述，设备总重量对于设备搬运方面会起到一定作用。同时，这也是设备技术参数里面重要一项（设备说明书或出厂铭牌都有设备重量）。不仅设备管理部门需要这个参数，在提供其他兄弟部门设备台账时，也会需要这个参数。

16. 设备分类情况

这里的设备分类情况只需区分"一般设备（即普通设备）"与"关键设备（重点设备）。"，也有的工厂（特别是大规模的企业）需要区分"一般设备""重点设备"和"关键设备"。

关键设备在设备管理员工作中是重要的工作。无论企业怎么对设备进行分类，关键设备是一定要有的，而且要重点关照。因此，在此再一次给出关键设备的识别要点。

（1）关键工序的单一关键设备　就是指这道工序，必须由这台设备完成，其他设备完成不了。简单说，就是这道工序要是没有这台设备，整个工序就废了。

（2）出故障后影响生产面大的设备　就是指一条生产线，如果这台设备发生故障后，会导致整个生产线停产，无法正常生产，这个后果是可想而知有多严重。

（3）影响产品质量关键工序无可代用的设备　这条和（1）类似，即这台设备对产品精度要求高，是最关键的工序，同时整条生产线或整个车间，只有一台这个设备。

（4）设备价值较高的设备　如进口精密数控车床、加工中心等，价值几百万元乃至几千万元。这样的设备也可列为关键设备。但在这里提醒大家，价值高的设备也不一定成为关键设备。例如，冲压车间薄板生产线由 3 台 400t、2 台 800t 和 1 台 1600t 压力机组成，这些设备都是价值高的设备，如果用价值来衡量，这些都是关键设备了，但是，我们还得看（3），即无可代用设备，所以这条生产线关键设备是 1600t 压力机，因为这是质量关键工序无可代用的设备，而 400t 压力机和 800t 压力机都有可代用的设备。

总之，影响产品质量的关键工序及出现故障后造成生产线停顿的、价值较高的设备为关键设备。

在这里，还要补充一下，设备管理员无论在哪个企业工作，对于关键设备都一定要提前认清，必须"优先"照顾，其备件要备足，维护保养频次要增加等，因为一旦出现关键设备停机，对企业来说，损失较大，企业也会对相关人员（包括设备管理员）进行一定惩罚。

17. 备注

"备注"栏，不仅在设备管理部门中的设备台账中有，在其他文件中,也应该是必不可少的一项。有时,在编制设备台账中,往往就忽视了这一项,结果是有些特殊的事项,无法在设备台账中体现,就显得设备台账不完整。

大家也不要小看了"备注"这一栏,备注信息能够反映出设备的来源、调移、损坏或是使用状态,有时也可标注一下金额。例如,这台设备是二手设备,那么就应该在"备注"栏里注明一下,这样在查账时,就能够清楚地知道设备的基本信息,而且也便于其他部门(如技术部、质保部、财务部)人员查询。

二、以设备分类编排

如图 3-7 所示,这种编制台账方式的优点是可以对全厂所有类型的设备有个快速直观的了解,如把各车间的起重设备统一到一个账页中,这样,查找全厂的起重设备时就比较方便。但它的缺点就是想查找某个车间设备总量时,就需要重新计算了。

序号	分厂名称	安装位置		设备分类	设备编号	设备类别	设备名称	设备型号
		使用车间	状态					
1	世鑫冲压			附属设备	BT-DH-001	FJ	线切割控制柜	
2	世鑫冲压			附属设备	BT-DH-007	FJ	微型线切割控制器	C98E
3	世鑫冲压			附属设备	BT-DH-010	FJ	线切割控制柜	P150A
4	世鑫冲压			附属设备	BT-DH-012	FJ	微型线切割控制器	C98Z
5	世鑫冲压			附属设备	BT-DH-014	FJ	新型高效切割电源	
6	世鑫冲压			附属设备	BT-DH-022	FJ	电控柜	MNC-B
7	世鑫冲压			附属设备	BT-DH-035	FJ	控制柜	C98Z
8	世鑫冲压			附属设备	BT-DH-037	FJ	控制柜	MNC-A
9	世鑫冲压			附属设备	BT-DH-038	FJ	新型高效切割电源	
10	世鑫冲压			附属设备	BT-DH-047	FJ	电控柜	MNC-B
11	世鑫冲压			附属设备	BT-DH-048	FJ	控制柜	MNC-B
12	世鑫冲压			附属设备	BT-FJ-003	FJ	控制柜	XL21
13	世鑫冲压			附属设备	BT-FJ-004	FJ	线切割控制柜	MNC-B1
14	世鑫冲压			附属设备	BT-FJ-005	FJ	微机控制器	YK-B
15	世鑫冲压			附属设备	BT-FJ-006	FJ	线切割控制柜	
16	世鑫冲压			附属设备	BT-FJ-007	FJ	控制台	MNC-B2
17	世鑫冲压			附属设备	BT-FJ-008	FJ	控制台	MNC-B
18	世鑫冲压			附属设备	BT-FJ-009	FJ	控制柜	
19	世鑫冲压			附属设备	BT-FJ-010	FJ	油冷却机	FNL30
20	世鑫冲压			附属设备	BT-FJ-011	FJ	配电柜	M7150*16/H2
21	世鑫冲压			附属设备	BT-FJ-012	FJ	风冷却机	

图 3-7 以设备分类编排的台账

设备管理员必须对设备台账有全面的认识，无论采取哪种方式，都应以便于工作、便于设备管理为主要目标。

第三节 设备台账编制时的注意事项

设备管理员在编制或制订设备台账时，要注意以下事项。

① 在设备台账中应明确标出一般设备与关键设备，或者单独列账（如关键设备台账）。设备台账无论采用哪种格式、版式，关键设备一定要在设备台账中体现。

② 在设备台账中应体现出设备的使用状态，如待修、闲置、报废等，在设备台账中可以体现出来，也可以单独列账，如闲置设备台账等。

③ 设备台账不能随便向外单位（外公司）发出。因为一个工厂所有设备资产包括型号、数量和设备制造厂家等相关信息都在设备台账中体现出来，属于工厂机密，所以设备管理员未经工厂主管领导同意，不能给其他工厂发出本厂的设备台账。

④ 要选择合适的设备台账表样。设备台账的表格样式，大家在网上可以找到很多，但很多不太规范，没有把主要的设备台账应该反映的设备基本信息体现出来。设备管理员一定要根据本厂的实际情况来制作设备台账，可以参考网上下载的表样，再结合本单位的实际情况进行改动。

⑤ 设备台账必须定期进行盘点。工厂一般都每年底（或每季度）由财务部门、设备管理部门和使用单位组成设备盘点小组，对全厂设备资产进行一次现场清点。在清点时，必须要求账物相符，对实物与台账不符的，应查明原因，写出书面报告，然后由主管领导进行处理。待完成后，重新填写台账。严禁未经工厂领导请示，就私自改动设备台账。在这里，提醒广大设备管理员：为了避免年终盘点时被动，可以每季度自行盘点一次，做到设备数量熟记于心。

⑥ 必须正确填写设备台账的相关内容。设备台账里的内容必须正确、如实、全面地填写。设备台账关系到工厂设备资产属性的情况，设备管理员必须严格、谨慎地填写。

第四章

设备维护保养

设备的维护与保养,是企业设备管理工作的重要组成部分,而正确务实地维护与保养设备,可以大大改善设备技术状态,延缓其劣化过程,将故障隐患消灭于萌芽状态,以保证设备的安全运行,延长设备使用寿命,提高设备使用效率,以保证企业生产正常进行。

设备的维护保养是管(管理)、用(使用)、养(保养)、修(维修)等各项设备工作的基础,同时也是操作者(操作工人)与设备维护保养人员的主要责任之一(分工不同,设备操作者负责日常保养,而设备维护保养人员则是专业性的,定期对设备进行专业级的维护保养),设备维护保养是保持设备能够经常处于完好状态的必要手段,是一种积极的设备预防性维护工作。

企业(工厂)设备在使用过程中,由于设备的物质运动(例如机械运转)和化学作用(产生高温),必然会产生技术状况的不断变化和难以避免的不正常现象(出现劣化),以及人为因素造成的耗损,例如紧固件松动、干摩擦(润滑系统出现故障)、腐蚀等。这都属于设备的故障隐患,如果不及时处理,会造成设备的过早磨损,甚至造成严重设备事故。做好设备的维护保养工作,及时处理发生的设备问题,改善设备的运行条件,就能防患于未然,避免不应有的损失。实践证明,设备的使用寿命或周期在很大程度上取决于维护保养的程度。

可是实际上,有些企业并没有把设备维护保养工作真正做好,甚至是没有进行维护保养。一些企业,为了保证生产量,设备一天24h(三班制或二班制）连续不停工作，负荷达到满载状态，生产部门也不给设备维护保养人员预留一定的设备维护保养时间。由于缺乏定期维护保养，从而引发设备故障频繁，而且很容易出现重大故障，影响生产不说，还产生额外的维修费用（如请设备制造厂家来维修等）。更重要的是，由于设备维护保养不及时，会对一些关键设备和价值很高的设备造成永久性伤害，严重的甚至导致直接报废。

因此，企业设备管理员应该脚踏实地做好这方面的工作，例如，做好设备相关维护与保养计划（这是最基础的工作），并且按照计划内容执行；监督维护保养人员，看他们是否按照保养计划真正落实了；在设备维护与保养完成后，设备管理员还要检查维护保养工作质量等。

只有把设备维护保养好了，设备才不会频发故障，使故障率降到最低的同时，也可大大减轻维修人员的工作压力。另外，在进行设备维护保养工作的同时，也要注意收集和总结本企业设备维护保养工作的经验以及对维护保养人员的管理经验等，因为每个企业所使用的设备不尽相同，对其维护保养人员的管理方法也不尽相同，所以多总结实际工作经验，对于设备管理员来说，也是一个提升自我业务水平的绝好机会。

第一节　设备维护保养的基本概念

通过擦拭、清扫、清洁、润滑、调整等一般方法对设备进行维护，以保持设备的工作性能和技术状况，称为设备维护保养。

设备维护保养的基本要求主要有以下几项。

一、清洁

在工厂或企业中，无论是生产车间还是其他场所，设备必须保持清洁，设备内、外表面要整洁，各滑动面、丝杠、齿条、齿轮箱、加油孔等处无油污，各润滑部位不漏油、不漏气，设备周围的铁屑、杂物、脏物要清扫干净。这也是"5S"管理中要求的一项。清洁工作一般在班前、班后由操作者来完成。

有些企业由于管理不规范，车间现场设备非常脏，有的设备上的油污与油泥连续几天都不打扫，间接地造成了车间现场环境恶劣，影响工人工作情绪。同时，如果有外来人员到车间现场参观，看到车间的脏乱情况，会给外来参观人员带来不良影响，甚至影响业务接洽。有些设备管理员可能会说，车间现场一旦要来人参观，我们会提前通知操作人员打扫卫生，所以不会给人家带来不好的印象。

我要提醒有这种想法的设备管理员，搞这种"突击战术"对设备来说是行不通的，首先是时间不够，使一台设备保持整洁，绝非一日之功，那都是每天保持打扫清洁的结果，只有每天对设备进行仔细清扫，才有可能保持住设备的干净、整洁。特别是一些大型设备（如压力机），打扫一次都需好几个操作人员共同完成，想用很短时间打扫清理完，这几乎是不可能的。另外，突击打扫也不安全，得知"来人参观或检查"，势必造成"仓促应战"，在清扫的过程中，也容易忽视平时的安全事项，易造成人员受伤，得不偿失。而平时日常工作时，班前、班后就对设备进行清扫，没有"检查"时的压力，清洁工作量也小。所以，在日常工作中，设备管理员要督促设备操作员打扫设备，并检查打扫情况，遇有清扫不彻底的情况，应立即纠正，这样才能保持设备的真正清洁。

二、整齐（摆正、对齐）

主要是指设备使用的工具、附件、工件（产品）要整齐，管道、线路（电气线路）要有条理。

这里也包括生产现场的管理。有些企业生产现场，设备周围杂物较多，工具及工件摆放也混乱，这样不利于设备的点检、维修、保养等工作，同时，也不利于保证操作者的安全。

有些企业的设备工作现场，就像一个杂物间，设备工作台周围什么都有。例如，各种量检具（操作工人自检用的）、维修人员的工具（扳手、改锥、钳子等），工件毛坯也直接堆在设备旁边，还有其他物品，如各种记录表单、钻头、合金刀片（数控机床用）、工作服、劳保用品（手套、围裙、安全帽等），甚至还有饭盒。

对于以上种种不良现象，设备管理员一定要和车间领导（主任或班组长、工段长等）沟通协调好，设备周围不能堆放杂物，必备的工具也应定置定位摆放，而不是随便乱放，以免工具掉到设备里面，造成设备的重大故障。

三、润滑

设备润滑也是设备管理工作中的一个重点。

设备的润滑系统可保证设备正常运行。润滑油好比人的血液，设备润滑油管就好比人的血管，人的身体一旦没有血液流通或血液存在问题，人的生命就会存在隐患。同理，设备如果没有润滑油或滑润油管出现问题，设备也会是故障频发或是根本开动不起来。

设备要保持润滑正常，就要按时加润滑油或换油，保证设备不断油，无干磨现象，油压正常，油标明亮，油路畅通，油质符合要求，油枪、油杯、油毡清洁。因此，设备管理员要经常检查设备润滑状态，如果有哪台设备缺少润滑油，要及时通知相关人员进行添油。

在企业生产车间现场经常能见到有些设备由于维修不及时，或维护保养不到位，造成的机油、液压油、润滑油等漏得到处都是。有些企业为了图省事（或省钱）干脆在设备底部安装一个大铁盘（铁槽），设备漏的油都会流到铁盘里，然后再吸到油桶里。觉得这样，既解决了漏油问题，又防止油液污染，还可以将漏的油集中起来再使用，不浪费，真是"一举多得"。事实上，把设备漏油的油管换一下，或检查润滑或液压装置的损坏情况，找到漏油点，然后进行维修，就可以根本地解决漏油问题。

设备的润滑系统或润滑装置，例如，自动润滑工作站、润滑油箱、润滑泵等，都要定期进行维护与保养。润滑装置的部件（例如密封环、密封圈等），也要注意磨损状态。要与企业采购部门或仓库部门及时沟通，要及时储备润滑油、机油，不能"断流"，也要注意润滑油的质量。高精密设备一般所配用的润滑油大多数是进口的，比较贵，设备管理员有责任向相关部门提出对润滑油的质量要求，以保证该设备完好运行。

结合以上情况，设备管理员对设备润滑工作状态要给予一定重视。

四、安全

这里指的安全，有两层意思。

① 设备操作人员（操作者与操作工人）在日常工作中，要遵守设备安全操作规程或操作指导书，按照其规定的内容正确操作设备。事

实证明，只要正确操作设备，是不容易产生设备安全事故的。设备管理员在编制操作规程时，一定要把安全相关的步骤与方法、警示性语言加到操作规程当中。编制设备日常保养、日常点检（主要由操作者来完成）的内容时，也要注意安全方面，这样，设备操作者在日常点检与日常维护时，按照设备管理员编制的文件来执行，就不会产生安全隐患。

② 设备维护保养人员在对设备进行维护保养时，也要注意自身安全。在实际工作中，维护保养人员在对设备进行维护保养（特别是大型设备）时，往往也忽视工作时的安全要求。例如，在给车间起重机（天车）进行维护保养时，要爬到天车上面进行维护，冲压企业的天车一般在 14m 左右，这就需要维护保养人员系好安全带，避免出现危险，绝对不允许不系安全带就直接乘坐升降车爬上天车进行操作。另外，维护或维修天车时，工作人员不得少于 3 人：天车上面 2 人，天车下面 1 人，互为照应，同时要配有对讲机，便于通话。对在工作中不注意安全的维护保养人员，设备管理员必须严厉批评（出现安全事故，设备管理员也要负责），甚至有权利不许其参加维护保养工作。这一点，设备管理员必须注意！企业中常见的升降车如图 4-1 和图 4-2 所示。

图 4-1　升降车（一）

图 4-2　升降车（二）

也就是说，设备管理员在组织维护保养工作过程中，必须让维护保养人员遵守相应的操作规程，如维护保养指导书等，设备管理员编制其设备维护保养指导性文件，其目的之一就是提醒设备维护保养人员在对设备维护保养过程中，注意安全操作，以免造成人身伤害事故。

第二节 设备维护保养的内容

在企业实际工作中,设备维护保养一般包括日常维护保养、定期维护保养和设备精度检查。另外,设备润滑系统也是设备维护保养的一个重要内容。

注意:日常、定期、精度、润滑四种保养中,除日常保养(操作者完成)必须每日做完外,其他三种保养可以把内容统一编制在"年度设备维护保养计划"中,也可以分开来做。具体要看企业规模,如果是大中型企业,设备管理部门人员配置多,可以将三种保养方式分开来做;如果是小型企业(例如50人以下,只有2名设备维护人员),则应该将这三种维护保养方式编制在一个计划里。

设备管理员一定要根据企业规模和设备管理部门配属的维护保养人员的数量,来合理编制其维护保养计划。

下面简要介绍这三种保养方式。

一、日常维护保养

设备的日常维护保养是设备维护的最基础工作,主要是由设备操作者来完成,一般配合设备点检表(把维护保养内容添加进去)完成即可。

设备日常保养,是设备维护保养工作中最重要的一环,是定期设备维护保养的基础工作。如果日常维护保养工作没能做到位,会给以后的定期维护保养带来非常大的困难,所以,设备管理员要经常下车间检查操作人员的日常维护保养工作。

在这里还要说明的是,有些设备管理员,不同意把日常维护保养内容同设备点检表合并,认为应该单独列一张日常维护保养表,但这样间接地给操作人员带来不必要的负担。该填的记录,操作人员应该填写(例如,自检记录、设备点检表、工序点检表、停台记录等),但也不能盲目增加记录与表单。表单不在多,而在精,必要的项目一个都不能少,不必要的项目,一个也不要多。重要的是要真实地填写记录。设备管理员在平时工作中,要注意与操作人员沟通,让他们认识到日常维护保养和填写表单的重要性,提高责任心,从而更好地做好日常维护保养工作。

二、定期维护保养

设备的定期维护保养，主要由企业的专业维护保养人员来完成，如机修班或保全工段等，是属于一种有计划的预防性维护保养。

这就是平时所说的设备维护保养，主要由专业维护保养人员来完成，而不是操作者。设备管理员编制出月份设备维护保养计划或年度维护保养计划后，交由专业设备维护保养人员来执行。专业设备维护保养人员要严格依据计划内容，按照规定日期，对设备进行维护保养。保养完成后，设备管理员要检查保养效果，并予以考核。

设备维护保养作业指导书

设备维护保养应按照相关维护规程文件（如设备维护保养作业指导书）进行，如图4-3所示。

××××冲压有限公司	文件编号	JLSX-03-0-001
	页次	
维护保养作业指导书	版本（次）	A
	生效日期	

1. 目的
   为正确规范地实施维护保养计划，并对维护保养工作实施有效控制，使设备维护保养工作在有条不紊的环境中顺利进行。
2. 适用范围
   适用于本公司设备部维护/保养作业指导。
3. 职责
   (1) 设备部：负责对年度维护保养计划中的设备进行维护保养。
   (2) 设备使用部门：负责对进行维护保养中的维修人员以全力协助。
   (3) 生产部：合理安排相应设备停机维修时间。
4. 名词解释：无
5. 作业内容
   (1) 作业流程：见页次3
   (2) 作业说明：见页次3
6. 参考文件
   《设备维护保养规范》
7. 记录表单
   (1)《年度设备维护保养计划》
   (2)《设备履历表》

图4-3 设备维护保养作业指导书

设备维护保养作业指导书规定了设备维护保养工作方面的要求、流程及规范。另外，也是二方审核或其他供应商审核必看的项目。设备保全人员要按照此计划执行设备维护保养，其主要内容如下。

1. 目的

为什么要制订设备维护保养作业指导书？进行设备维护保养能达到

什么样的效果?这些都要在目的中说明,也就是说目的要明确。

2. 适用范围

是指设备维护保养作业指导书具体适用哪些范围。因为在企业中设备分布都是以各车间或部门使用进行分类的,例如,机加车间有数控车床、加工中心,冲压车间有各型压力机等,其设备维护保养项目不同,设备维护保养作业指导书的内容必然也是不同的。因此,要标明设备维护保养作业指导书适用于哪个车间或部门。

3. 职责

即部门职责。设备维护人员在按照设备维护保养作业指导书对设备进行维护保养时,需要其他相关部门或人员配合,以便于工作开展。这就需要将各部门具体配合的工作内容列出来。

4. 名词解释

主要是指专业术语解释,如设备、设备维护保养等。

5. 作业内容

作业内容包括作业流程、作业说明。

① 作业流程。各作业项目要科学地排开,叙述应简明扼要,最好用图来表示(流程图),这样可使操作人员一看就明白。

② 作业说明。对作业内容进行简要说明与补充,以完善整个维护保养指导书。

6. 参考文件

参考文件指编制作业指导书所参考的规范、标准等。

任何一种指导性文件都需要与一定的支持性文件配合使用。这里就需要了解体系文件方面的知识了,设备管理员最好学习一下 TS 16949、ISO 14000、ISO 18000、ISO 9001 等体系中与设备维护保养有关的内容。

7. 记录表单

设备维护保养人员要按照《设备维护保养作业指导书》中规定的内容进行设备的维护保养工作,完成后,要填写相应的记录,并准确描述执行情况。

记录填写完成后,要交给设备管理员进行存档。这些表单十分重要,现在越来越多的企业认证了质量管理体系,如 TS 16949、ISO 14000、ISO 18000、ISO 9001 等,每年这些认证公司都会到企业进行复审,这些表单就是审查项目之一,需要提交给审核部门。

三、精度检查

设备在投产使用一段时间后（一年或是半年），由于各种原因，必然会出现精度误差情况。所以，设备必须定期检查其精度（精密设备或是关键设备更要增加检查频次），以确定设备实际精度的优劣程度。

设备管理员要做一个全年度的"设备精度检查计划"，然后按照计划内容对其进行检查。因为设备精度很重要，直接影响着产品质量，设备管理员必须予以重视。

第三节 设备维护保养计划的分类

一、按时间间隔分类

设备的维护保养计划按时间间隔不同，可分为月份维护保养计划与年度维护保养计划两种。

1. 月份维护保养计划

月份维护保养计划是以月份为单位编制的维护保养计划，设备管理员每月应在 5 日前（日期可以根据实际情况变动），根据设备运行情况进行分析，将有需要维护与保养的设备定为本月的设备维护保养对象，并列在当月的设备维护保养计划中，计划完成后报送主管领导批准（签字），然后由设备部门执行维护保养任务，如图 4-4 所示。

							文件页码：1 of 1	
			设备维护保养计划				文件版本：A	
							修订次数：0	
							文件编号：	
分厂名称		××分厂		报表日期		2014年 12月 05日		
序号	设备编号	设备名称	所在位置	第一次保养起始日期	第一次保养终止日期	第二次保养起始日期	第二次保养终止日期	保养内容说明
1	BT-DC-203	双梁天车	油压线	12月15日	12月17日			给减速器添加齿轮油
2	BT-DC-205	双梁天车	薄板线	12月18日	12月20日			给减速器添加齿轮油
报表人			公司负责人审核					

图 4-4 月份维护保养计划

通常情况，编制了月份维护保养计划就不需要编制季度维护保养计划，因为每个月都是按照设备实际工作情况编制月份维护保养计划的，如果再进行季度维护保养，会导致保养周期过密，会增加维护保养工作量，导致生产部门预留下的停机时间增多，同时工作重复，这是没有必要的。

2. 年度维护保养计划

年度维护保养计划如图 4-5 所示，它是企业全年的设备维护保养指导性文件。企业设备管理部门根据此计划，对企业所有设备进行定期维护保养。

××××年度维护保养计划

序号	设备编号	设备名称	设备型号	保养部位	保养内容	保养周期	使用部门	备注
1	819-003	橡胶（塑料）加压提炼机	X(S)N-35X30	减速器（主传动）	更换齿轮油(HSP220#)	1次/年	制品车间	初次两个月换油
				减速器（主传动）	添加齿轮油(HSP220#)	1次/季		
				蜗轮箱	更换蜗轮/蜗杆油(250#)	1次/年		
				蜗轮箱	添加蜗轮/蜗杆油(250#)	1次/季		
				转子速比齿轮箱	更换齿轮油(HSP220#)	1次/年		
				转子速比齿轮箱	添加齿轮油(HSP220#)	1次/季		
				摆针线轮减速器	更换齿轮油(HSP220#)	1次/年		
				摆针线轮减速器	添加齿轮油(HSP220#)	1次/季		
				电动机	检查轴承、添加润滑脂及清污	1次/半年		
				电控柜	检查按钮、电气元件及清理灰尘	1次/季		
2	819-004	橡胶（塑料）加压提炼机	X(S)N-35X30	减速器（主传动）	更换齿轮油(HSP220#)	1次/年	制品车间	初次两个月换油
				减速器（主传动）	添加齿轮油(HSP220#)	1次/季		
				蜗轮箱	更换蜗轮/蜗杆油(250#)	1次/年		
				蜗轮箱	添加蜗轮/蜗杆油(250#)	1次/季		
				转子速比齿轮箱	更换齿轮油(HSP220#)	1次/年		
				转子速比齿轮箱	添加齿轮油(HSP220#)	1次/季		
				摆针线轮减速器	更换齿轮油(HSP220#)	1次/年		
				摆针线轮减速器	添加齿轮油(HSP220#)	1次/季		

图 4-5　年度维护保养计划

年度维护保养计划是在每年初（一般为 1 月、最晚不能超过 3 月，视企业具体情况而定），由设备管理员编制。完成后报送主管领导审核批准，交维护保养部门来实施完成。年度维护保养计划必须由上级领导签字，这一点，设备管理员要注意，特别是刚上岗的新人。

保养结束后由保养部门填写设备维护保养记录（见图 4-6），并交给设备管理员进行存档保管。

设备维护保养记录

设备名称		设备编号	
规格型号		保养部门	
保养日期			
序号	保养项目	保养内容及要求	保养确认记录
维护人员		设备管理员	

图 4-6　设备维护保养记录

二、按工作量和难易程度分类

设备的维护保养计划按工作量和难易程度，可分为日常保养、一级保养和二级保养。日常保养在前面已经详细讲述，这里只介绍一级保养和二级保养。

1. 一级保养

一级保养是以操作者（操作工人）为主，维修工人（机修）协助，按计划对设备局部拆卸和检查，清洗规定的部位，疏通油路、管道，更换或清洗油线、毛毡、滤油器，调整设备各部位的配合间隙，紧固设备的各个部位。

一级保养计划（见图4-7）的编制是由设备管理员来完成的，完成交由主管领导批准，下发到各个车间。

一级保养所用时间为4~8h（视工厂实际情况自定），一级保养完成后，由保养人员填写一级保养记录（见图4-8），并在"备注"栏里注明尚未清除的缺陷或异常情况，设备管理员组织验收。

一级保养的范围是工厂各车间全部在用设备，对重点设备应严格执行。一级保养的主要目的是减少设备磨损，消除隐患，延长设备的使用寿命，为完成到下次一级保养期间的生产任务在设备方面提供保障。

需要注意的是：一级保养是以设备操作者为主进行的保养，设备管理员在编制一级保养计划内容时，必须以操作者能力范围内的保养方式、保养部位为重点，不能把属于维修人员的工作范围加入"一级保养计划"中。

2. 二级保养

二级保养是以维修工人（即机修人员）为主，操作工人参加（辅助）来完成。二级保养列入设备的维修计划（即设备大中修计划与月份保养维护计划），对设备进行部分解体检查和维修，更换或修复磨损件，清洗、换油、检查设备电气部分，使设备的技术状况全面达到规定设备完好标准的要求。

二级保养计划（见图4-9）的编制也是由设备管理员来完成的，完成后交由主管领导批准，下发到负责维修部门。

二级保养所用时间为7天左右。二级保养完成后，维修人员应详细填写二级保养记录（见图4-10）。

二级保养的主要目的是使设备达到完好标准，提高和巩固设备完好率，延长大修周期。

一级保养计划

序号	设备编号	设备名称	所在位置	报表日期 起始日期	报表日期 终止日期	××××年3月2日 保养内容说明	单据编号	SHBL/SP10/JD-R-05 保养级别
1	BT-Y-035	闭式双点压力机	冲压车间薄板线	3月7日	3月7日	一、紧固件：检查有无异常声音。二、电动机：检查运行过程中有无松动或脱出。三、油水分离器：有无污物。四、电缆线：检查电缆线包皮是否破损		☑一级保养 □二级保养
2	BT-Y-060	闭式双点压力机	冲压车间薄板线	3月7日	3月7日	一、紧固件：检查有无异常声音。二、电动机：检查运行过程中有无松动或脱出。三、油水分离器：有无污物。四、电缆线：检查电缆线包皮是否破损		☑一级保养 □二级保养
3	BT-Y-061	闭式双点压力机	冲压车间薄板线	3月7日	3月7日	一、紧固件：检查有无异常声音。二、电动机：检查运行过程中有无松动或脱出。三、油水分离器：有无污物。四、电缆线：检查电缆线包皮是否破损		☑一级保养 □二级保养
4	BT-Y-018	闭式双点压力机	冲压车间薄板线	3月7日	3月7日	一、紧固件：检查有无异常声音。二、电动机：检查运行过程中有无松动或脱出。三、油水分离器：有无污物。四、电缆线：检查电缆线包皮是否破损		☑一级保养 □二级保养
5	BT-Y-065	闭式双点压力机	冲压车间薄板线	3月8日	3月8日	一、紧固件：检查有无异常声音。二、电动机：检查运行过程中有无松动或脱出。三、油水分离器：有无污物。四、电缆线：检查电缆线包皮是否破损		☑一级保养 □二级保养
6	BT-Y-067	闭式双点压力机	冲压车间薄板线	3月8日	3月8日	一、紧固件：检查有无异常声音。二、电动机：检查运行过程中有无松动或脱出。三、油水分离器：有无污物。四、电缆线：检查电缆线包皮是否破损		☑一级保养 □二级保养
7	BT-Y-062	闭式双点压力机	冲压车间薄板线	3月8日	3月8日	一、紧固件：检查有无异常声音。二、电动机：检查运行过程中有无松动或脱出。三、油水分离器：有无污物。四、电缆线：检查电缆线包皮是否破损		☑一级保养 □二级保养
8	BT-Y-054	闭式双点压力机	冲压车间薄板线	3月8日	3月8日	一、紧固件：检查有无异常声音。二、电动机：检查运行过程中有无松动或脱出。三、油水分离器：有无污物。四、电缆线：检查电缆线包皮是否破损		☑一级保养 □二级保养

图4-7 一级保养计划

一级保养记录

设备编号		使用车间		该记录编号	
保养执行人		保养日期		设备负责人	

序号	保养部位	保养要求
①		
②		
③		
④		
⑤		
⑥		
⑦		
⑧		
⑨		
⑩		

保养结果				备　注（异常情况说明）
序号	优	良	差	
①				
②				
③				
④				
⑤				
⑥				
⑦				
⑧				
⑨				
⑩				

注：1. 设备运行 3 个月进行一级保养，以操作工人为主，维修工人配合进行。电气部分的保养工作由分厂专业人员具体负责实施。

2. 设备在保养过程中，如有设备维修或更换配件时，请认真填写《设备维修记录单》，备案存档。

3. 首先切断设备电源，然后进行保养工作。

图 4-8　一级保养记录

二级保养计划

序号	设备编号	设备名称	所在位置	报表日期 起始日期	报表日期 终止日期	××××年1月5日 保养内容说明	单据编号	SHBL/SP06/JD-R-07 保养级别
1	BT-Y-035	闭式压力机	薄板生产线	1月10日	1月10日	寸动开关（检查是否灵敏可靠）电动机（检查轴承、添加润滑脂及清污）机身（检查各紧固件是否松动）主油箱（添加液压油46#）		□一级保养 √二级保养
2	BT-Y-060	闭式压力机	薄板生产线	1月10日	1月10日	寸动开关（检查是否灵敏可靠）电动机（检查轴承、添加润滑脂及清污）机身（检查各紧固件是否松动）主油箱（添加液压油46#）		□一级保养 √二级保养
3	BT-Y-061	闭式压力机	薄板生产线	1月11日	1月11日	寸动开关（检查是否灵敏可靠）电动机（检查轴承、添加润滑脂及清污）机身（检查各紧固件是否松动）主油箱（添加液压油46#）		□一级保养 √二级保养
4	BT-Y-018	闭式压力机	薄板生产线	1月11日	1月11日	寸动开关（检查是否灵敏可靠）电动机（检查轴承、添加润滑脂及清污）机身（检查各紧固件是否松动）主油箱（添加液压油46#）		□一级保养 √二级保养
5	BT-Y-065	闭式压力机	薄板生产线	1月17日	1月17日	寸动开关（检查是否灵敏可靠）电动机（检查轴承、添加润滑脂及清污）机身（检查各紧固件是否松动）主油箱（添加液压油46#）		□一级保养 √二级保养
6	BT-Y-067	闭式压力机	薄板生产线	1月18日	1月18日	寸动开关（检查是否灵敏可靠）电动机（检查轴承、添加润滑脂及清污）机身（检查各紧固件是否松动）主油箱（添加液压油46#）		□一级保养 √二级保养
7	BT-Y-062	闭式压力机	薄板生产线	1月24日	1月24日	寸动开关（检查是否灵敏可靠）电动机（检查轴承、添加润滑脂及清污）机身（检查各紧固件是否松动）主油箱（添加液压油46#）		□一级保养 √二级保养
8	BT-Y-054	闭式压力机	薄板生产线	1月25日	1月25日	寸动开关（检查是否灵敏可靠）电动机（检查轴承、添加润滑脂及清污）机身（检查各紧固件是否松动）主油箱（添加液压油46#）		□一级保养 √二级保养

图 4-9 二级保养计划

二级保养记录

SHBL/SP06/JD-R-26

设备编号		使用车间		该记录编号	
保养执行人		保养日期		设备负责人	

序号	保养部位	保养要求
①		
②		
③		
④		
⑤		
⑥		
⑦		
⑧		
⑨		
⑩		

	保养结果			备 注(异常情况说明)
序号	优	良	差	
①				
②				
③				
④				
⑤				
⑥				
⑦				
⑧				
⑨				
⑩				

注:1. 设备运行 6 个月进行二级保养,以维修工人为主,操作工人为辅,除执行一级保养内容及要求外,应做好以上工作。电气部分的保养工作由分厂专业人员具体负责实施。

2. 设备在保养过程中,如有设备维修或更换配件时,请认真填写《设备维修记录单》,备案存档。

3. 首先切断设备电源,然后进行保养工作。

图 4-10 二级保养记录

第四节 维护保养计划的编制

设备维护保养计划必须严格依照设备说明书或维护保养手册中的内容进行编制。

有的企业常常按照工作经验编制，例如按照设备说明书或维护保养手册规定，液压机主油箱应每三个月添加一次液压油，而企业工作经验显示每四个月加一次液压油也是可以的，所以有些企业的设备管理员在制定维护保养计划时，就不按照设备说明书或维护保养手册中规定的"每三个月添加一次液压油"，而是设置为"每四个月添加一次液压油"。虽然按照经验，这样也不会出问题，但是建议大家还是严格按照设备说明书和维护保养手册的规定来保养。原因如下。

① 有些工厂已经认证了相关质量管理体系，如 ISO 9001、TS 16949 等，在每年审核中，审核人员往往都是按照设备说明书或维护保养手册中规定的维护保养内容来判断年度维护保养计划中的内容是否准确的。

如果将设备说明书中规定的"每三个月添加一次液压油"改成了"每四个月添加一次液压油"，审核人员会认定企业没有按照设备说明书或维护保养手册中的要求来对设备进行维护保养，从而开出不符合项。

② 设备制造厂家提供的设备说明书和维护保养手册，不是凭空捏造的，都是有一定科学理论根据的，都是经过无数次实验，综合大量设备实际使用经验而制定的。只有严格按照设备说明书和维护保养手册的规定进行保养，才能真正保证设备的长期稳定运转。

③ 如果不按设备说明书和维护保养手册中规定的维护保养期限进行保养，导致设备故障，故障小，本厂的机修人员还能够解决，但是会影响生产。一旦本厂的机修人员无法维修，就要请设备制造厂家的售后服务人员来进行处理，这时，不但会因停工影响生产，还有可能因为没有按照设备说明书和维护保养手册的规定，而支付额外的维修费用和零配件费用，以及售后服务人员的上门服务费。

编制年度维护保养计划时，选择表单的样式很重要。

① 好的表单能够明确、清晰地表达整个维护保养计划的相关内容，也便于其他部门参阅，因为年度维护保养计划不是只给设备管理员一个

人看的，其他相关部门如技术部、生产部等有时也会用到，还有就是主管领导（生产副总或是机动部长等）也要审察、验看。所以，清晰、简洁的年度维护保养计划是完全必要的。

② 从认证和审核角度出发，也需要好的表单。有些企业设备管理部门编制的年度维护保养计划表单格式混乱、内容不清，认证审核时，给审核人员带来一定困难。审核人员有可能因找不到项目内容，无法核对对应项目，而给出不符合项。

③ 好的表单，必须将保养计划中的内容表达完整。在工厂中有些设备管理员为了方便，就直接从网上下载维护保养计划表单，然后不加检查、不加修改地直接使用，往往会出现表单内容不完整，项目不符合本单位实际情况的现象。维护保养人员根据这个有问题的表单进行设备的维护保养，有可能出现设备上该保养的地方没有保养，而表单上一些项目，维护保养人员又找不到对应保养部位的情况。这样，既浪费时间，又有可能导致设备关键部位没有得到及时有效的保养而过快损坏，从时间效益和经济效益两个方面来讲都是不划算的。

第五章 设备使用管理

设备的使用，尤其是正确的使用，是保证企业设备正常运行的重要前提。据不完全统计，在设备出现的故障中，有60%是属于不正常使用造成的（即违章操作）；生产一线操作者在没有培训的情况下擅自操作设备，造成故障；操作人员不仔细、不认真、不集中精神造成的操作失误或违章操作等。所以，设备管理人员要经常检查设备使用情况，以避免设备在使用过程中出现重大问题。

第一节 正确使用设备的意义

设备在满负荷下运行并发挥其规定功能的工作过程，即为设备使用过程。

企业车间生产一线的设备在使用过程中，由于受到各种作用力的因素和化学作用的相互影响，或是受其使用操作方法、安全操作规程、设备工作持续时间等其他情况的影响，其技术状态发生变化而导致工作能力逐渐降低。如要想控制这一时期技术状况发生的变化，延迟设备工作能力的逐渐下降的过程，必须要根据设备所处的工作条件（车间现场环境很重要）及设备结构及技术性能特点，逐步掌握设备劣化过程的规律，所以必须遵守正确安全的操作方法、严格规范的操作规程，根据设备实际运行情况，控制设备的负荷（负载）和持续工作时间，精心操作设备，才能保证设备安全运行。

那么实施这些方法的主要人员是谁呢？就是车间一线操作者。各种保证设备安全的操作、措施主要由车间一线操作者来执行（车间一线操作者才是设备主要操作人员，班组长不是主要操作人员，维修人员更不是），所以，只有车间一线操作者正确使用设备，才能保持设备良好的工作性能，充分发挥设备效能，延长设备的使用寿命。也只有车间一线操作者正确使用设备，才能减少和避免突发性故障。正确使用设备是控制设备技术状态变化和延缓其工作能力下降的首要保证。因此，保证车间一线操作者正确使用设备具有重要现实意义。

设备管理员在实际工作中，要对操作者的使用设备过程严格管理。虽然，一般来说，车间班长、工段长直接对操作人员进行管理，但设备管理员也有权监督，对操作培训不合格或没有经过设备操作培训的操作人员，设备管理员有权制止其继续操作设备。同时，设备管理员要与车间基层管理者（班组长、工段长）保持沟通，互相配合，互相合作，共同保证设备操作者按规范正确操作设备。只有这样做，才能保证设备安全，也能保证人员安全，因为未经培训或者培训不合格的操作人员随意操作设备，是有可能导致设备损坏的，甚至严重的还可能导致人员伤亡。

在这里说明一下，在企业里，使用设备的人员都是一线设备操作者，他们的直接领导就是班组长。所以，有些设备管理员就误认为，设备使用管理也是车间班组长甚至车间主任的事，这是错误的！

第二节　设备合理使用的前提

在企业中，要想合理使用设备，设备管理人员应该做好以下几项工作。

1. 要充分发挥设备操作者的工作积极性

前边已经提到，设备主要是由车间一线操作者操作和使用的，所以，应注重培养其自主的合理设备使用意识，即遵守设备操作规程、不违章操作等，因为充分发挥他们的主动性与积极性是用好、管好设备的根本保证。企业设备管理员应经常对车间一线操作者进行设备操作及使用培训教育，开展全员参与设备管理（TPM），不断提高操作者爱护及合理使用设备的自觉性和责任心。

有些设备管理员认为，车间设备操作培训工作是由车间生产部门负责（主要是车间班组长或工段长），设备管理部门不负责培训，所以，设备管理员不需要掌握设备的操作。但是，设备管理员的职责是进行设备管理，管理的对象是"设备"，如果设备管理员对设备不了解，不知道它的结构、原理、工作步骤，如何去管理它呢？设备管理员自己不会操作设备，不掌握设备操作要领，不清楚设备操作过程应注意的事项，又如何制定设备管理规定，如何编制设备维护保养计划呢？同时，在工作中，又有什么底气告诉车间一线操作者应该做什么，应该怎么做？又如何去调动他们的积极性呢？所谓"打铁还需自身硬"，因此，设备管理员一定要多学、多做、多实践，不断提高自己的业务水平，成为一名合格的设备管理员。

2. 根据实际情况合理配置设备

企业应根据本厂产品及生产工艺特点和要求，合理地配备各种类型的设备，使它们都能充分发挥效能。为了适应产品品种、结构和数量的不断变化，还要及时进行调整，使设备能力适应生产发展的要求。

有些企业设备没有进行合理配置，缺少哪台设备，就直接上哪台设备。设备到了，也没有工艺规划，哪里有空地，设备就往哪里放，造成车间混乱，也使得操作者使用设备"不顺手"，影响了工作效率。所以，设备管理人员一定要配合企业其他部门，提前规划好。

企业生产车间经常见到，生产线布局不合理、混乱，没有合理安排工序，如：设备与设备之间间隔不合理，设备摆放不合理，这都不利于设备操作。有些企业生产车间面积较小，为了在车间内多摆放设备，设备与设备之间只留很小的间隔，操作人员需在很小的空间内操作设备，稍有不慎就会触及设备操作按钮，这样，容易造成设备故障，甚至导致人身安全事故。如有这种情况，设备管理员必须立即与主管领导沟通，要求其及时处理，合理配置与摆放设备，以免引发安全事故。

3. 配备合格的操作者

这一点极为重要。设备管理员要和生产班长或车间主任经常保持沟通。对不同设备，配备合适的操作人员（特别是关键设备，更要注意操作人员的配备），还应根据设备的技术要求和复杂程度，配备相应工种（如车工、焊工等）和能够胜任此岗位的操作人员，并根据设备性能、精度、使用范围和工作条件安排相适应的加工任务和工作负荷，确保生产的正常进行和操作人员的操作安全。

有的设备操作者，工作认真，尽职尽责，而有的操作者，工作不认真，马虎大意。在企业生产车间中我们仔细观察可以发现，经常出现设备事故的总是那么几个人（都带有工作懒散、不认真的特点）。而故障较少的设备的操作人员，往往是工作努力，做事细心，认真操作设备的。合格的、有责任心的操作者是企业的"财富"，设备管理员有责任建议车间领导尽可能配用这些工作认真的操作者。

4. 操作者的文化水平

由于现代企业中的设备日益现代化、精度化、大型化，其结构和原理也日益复杂，这就要求设备操作者必须具有一定文化技术水平。所以，对设备操作者是有一定文化程度的要求的。一般企业对车间一线操作人员要求技校或中专毕业即可，一般为机械、数控、机电一体化等专业。国有大型企业或高科技企业，对车间一线操作人员要求更高一些，一般要求有大专及以上学历。

车间一线操作人员的文化素质非常重要。例如，操作一些精密设备（一般是进口设备，说明书和操作面板都是外文或特定符号），如果设备操作人员文化素质跟不上，就容易出现误操作现象，而对设备造成损坏。当然，也不是所有的设备操作人员都需要大专以上学历，这需要根据具体设备来确定，如是精密复杂的设备，就需要文化程度高些的设备操作人员，如果是比较简单的设备（如流水线或生产线），则就可以用文化程度稍低一些的设备操作人员。

5. 设备的工作环境要良好

现代企业对车间现场环境一般都非常重视，生产环境不仅对产品有一定影响（如制药企业），对设备及操作人员也会产生一定影响。试想一下，如果车间处于脏、乱、差的状态，那么车间一线操作人员看着就烦，进都不想进去，哪里有好心情工作，更别谈认真操作设备、严格遵守操作规范了，估计就全是马虎处理、敷衍了事了。

脏乱的工作环境对设备的正常运行影响也很大，如设备上随意堆放了很多杂物，机床运转时，操作人员不小心碰到杂物，掉到了旋转的机器部件上，或者杂物绞进设备内或者碰撞飞出，轻则损坏设备，重则造成人员伤亡。

因此，车间的物品应做好定置化管理。各物品位置固定，标示清晰。设备应安装必要的防腐蚀、防潮、防尘、抗振装置，配备必要的测量、保险用仪器装置，设备现场还应有良好的照明和通风等。

6. 必须建立健全相关的管理制度

在企业生产现场，最直接的设备使用管理制度就是《设备安全操作规程》这是每个企业生产车间必须具备的，用于指导操作者使用设备的重要文件。设备管理人员必须会编制《设备安全操作规程》，还要定期检查与维护《设备安全操作规程》，同时，监督生产一线操作人员切实、严格地遵守《设备安全操作规程》。

第三节 设备使用前的准备工作

生产一线操作人员在操作设备前，应做好如下准备工作。

① 检查操作设备的工件及仪器用具，如操作扳手及检验用具（卡尺、千分尺等）。

② 全面检查设备的安装、精度、性能及安全装置，检验设备附件是否处于良好状态等。这就是属于设备点检了。确认各项处于正常状态，方可操作设备。

③ 填写有关的设备记录与表单，包括设备点检表、设备润滑卡片、工序点检表和首件自检记录等，另外还要检查《设备安全操作规程》是否完好或缺失。

第四节 设备使用规定

企业设备管理员要制定出相应的设备使用规定，用于指导操作人员合理使用设备，并依据这些规定来进行管理。

一、定人、定机和凭证操作制度

为了保证设备的正常运转，提高操作人员的设备操作技术水平，避免设备的非正常损坏，必须实行定人、定机和凭证（设备操作证）使用设备的制度。

1. 定人、定机的规定

严格实行定人、定机和凭证使用设备，不允许无证人员单独使用设备。如果见到无证人员"串机"，设备管理员要注意及时制止！

定机的设备型号应根据操作人员的技术水平和工作责任心，并经考试合格后确定。原则上既要管好、用好设备，又要不束缚生产。

主要生产设备的操作工作由车间提出定人、定机名单，人事部门组织考试（设备操作考试），经考试合格，设备管理部门同意后执行。精、大、稀设备和有关设备的操作人员必须经考试合格，设备管理部门同意并经企业有关部门领导审查后，上报技术副总批准后执行。定人、定机名单应保持相对稳定，有变动时，应按规定呈报审批，批准后方能变更。原则上，每个操作者每班只能操作一台设备，多人操作的设备，必须由班长或工段长负责。

为了保证设备的合理使用，有的企业实行了"三定制度"，即设备定号、保管定人、管理定户。"设备定号"就是给设备编号，"保管定人"就是指由专人负责保管，"管理定户"就是以班组为单位，把全班组的设备编为一个"户"，班组长就是"户主"，要求"户主"对本班组全部设备的保管、使用和维护保养负全面责任。

2. 设备操作证的签发

设备操作证是表明该员工具备了操作该设备的能力的证明。一般，常规设备的设备操作证由企业自行培训考试，合格后，由设备管理部门核发，不需要专门到社会培训机构去培训、考试。设备管理员要认真管理本企业设备操作人员的设备操作证，无证坚决不允许其操作设备。

学徒工（或实习生）或新员工必须经过技术理论学习和一定时期的操作实习，具体时间由企业根据自身情况自行决定，操作实习要由师傅在现场指导，师傅认为该学徒工（或实习生）或新员工已能够正确使用设备和维护保养设备时，可让其参加理论及操作考试，合格后由设备管理部门或设备管理员签发设备操作证后，才能单独操作设备。

特殊设备的操作者，例如特种设备、锅炉、叉车、起重机、电工等，其操作者必须到指定的培训机构参加培训并考试，合格后，才能进行相关设备的操作，并将操作证（见图5-1、图5-2）报送设备科备案。

二、设备交接班制度

设备交接班是企业生产现场操作者的一项重要工作。在企业生产中，会有二班制或三班制两种生产工作方式，交接班就是操作人员在工作完成后，对前来接班的操作人员进行工作上的告知。

交班人要把设备运行中发现的问题详细记录在交接班记录表上，并

图 5-1　天车证

图 5-2　焊接证

主动向接班人介绍设备运行情况，双方当面检查，交接完毕在记录簿上签字。如不能当面交接班，交班人要做好日常维护工作，使设备处于安全状态，填好交接记录交有关负责人签字代接，接班人如发现设备有异常现象，交接班记录表有记录不清、情况不明的情况和设备未按规定维护时，可拒绝接班。如因交接不清，设备在接班后发生问题，则由接班人负责。

企业在用的每台设备，均应有交接班记录表，该表不准撕毁、涂改。维修人员应及时收集交接班记录表，从中分析设备现状，采取措施改进维修工作。设备管理员和车间班长及工段长应注意抽查交接班制度的执行情况。

三、"三好""四会"和"五项纪律"

1. 三好（即管好、用好、修好）

（1）管好设备

设备操作者要发扬主人翁责任意识，自觉遵守定人、定机和凭证使用设备制度，管好工具、附件，不损坏、不丢失，放置整齐。设备上的防护装置要经常检查，保证完整而可靠。

（2）用好设备

保证设备不带病运转，不超负荷使用，不大机小用、精机粗用，严格遵守《设备安全操作规程》和维护保养规定，爱护设备，精心操作，防止事故发生。

（3）修好设备

按设备计划检修时间停机维修。操作人员要参加设备的二级保养和大修完工后的验收试车工作。

2. 四会（即会使用、会保养、会检查、会排除故障）

（1）会使用

操作者要熟悉设备结构，掌控设备的技术性能和操作方法，懂得产品加工工艺，会合理选择技术参数与工作量，做到正确使用设备。

（2）会保养

操作人员会按润滑图表的规定加油、换油，保持油路畅通无阻和油线、油毡、滤油器清洁。认真清扫，保持设备内外清洁，做到无油垢、无脏物、无锈蚀，达到"漆见本色、铁见光"。认真做好日常保养，会按规定进行一级保养。

（3）会检查

操作人员要了解与加工工艺有关的精度检验项目和加工规范，会检查与加工工艺有关的设备异常状态，会检查设备的安全防护和保险装置。

（4）会排除故障

设备操作人员要会一些简单的故障维修，能对设备不正常的声音、温度和运转情况进行分析，发现设备的异常状态，能判定异常状态的部位和原因，能及时采取措施排除一般故障。

3. 五项纪律

① 凭操作证使用设备，严格遵守安全操作规程和工艺文件。

② 保持设备清洁，并按润滑图表规定加油。

③ 认真执行设备交接班制度，填好交接班记录。

④ 管好工具、附件，不得遗失。

⑤ 不准在设备运行时离开岗位，发现异常，应立即停车，自己不能处理的，要及时通知维修人员进行维修。

第五节 设备安全操作规程

设备操作规程是设备操作人员（或操作工）正确掌握操作技能的有关规定和程序，是指导操作人员正确使用和操作设备的技术性规范。在设备操作规程中加入设备安全方面的要求，就成了设备安全操作规程。

设备管理员要想管好设备，就必须会正确编制设备安全操作规程。同时，设备安全操作规程也是每个企业车间现场必不可少的设备文件之一。

一、设备安全操作规程的内容

设备安全操作规程规定了根据设备的结构和运行特点及安全运行等要求，对操作人员在其全部操作过程中必须遵守的事项。

1. 设备操作前对工作现场和设备状态检查的内容和要求

如检查设备工作区周围有无影响设备操作的工位器具或其他物品等。

另外，设备开机前对现场检查也是出于安全方面的要求。

设备状态检查要明确设备在开机前是否已经出现故障，正等待维修；设备是否出现漏水、漏油、漏气等现象，如果有这类情况，设备操作人员应及时向维修人员说明，待维修好后，才能正常开机。

2. 操作设备必须使用的工位器具或工作用具及工装

工位器具是指操作设备过程中用到的料箱或托盘等装工件或成品的容器，如压力机旁专门用于装入边角料的废料箱等。

工作用具是指操作设备过程中操作者所需用到的工具，如各种扳手、钳子等。

工装一般是指设备所需用到的各种模具及夹具等。

3. 设备运行的主要工艺参数

这也是设备安全操作规程中必不可少的一项内容，如在设备操作过程中，需要调整的设备气压、温度、电流等相关工艺参数。不同设备的工艺参数有所不同，例如，压力机的工艺参数主要为封闭高度、封闭高度调节量等，而捏合机及挤出机的工艺参数主要是温度等。

4. 设备开机的操作程序和注意事项

设备开机的操作程序（也称操作流程、操作顺序）是操作规程中的重要一环。

由于操作人员没有按照正确的开机操作程序开机而导致的设备故障，在工厂中是经常发生的。严格遵照正确的开机操作程序开机可有效避免设备出现故障，而不正确的开机顺序不仅会使设备故障频发，而且会减少设备使用寿命。

设备开机的注意事项就是操作开机时应注意到的情况。例如，压力机在开机时，需注意气源是否打开、操作面板是否有缺失按钮、按钮站电缆是否连好、安全装置是否齐全可靠等。

5. 设备润滑的方式和要求

在操作规程中必须加入设备润滑方面的要求和具体操作步骤。例如，在设备开机前应首先检查油池、油箱中的油标是否在中线以上、油杯是否注润滑脂、油路是否畅通，并按润滑图表要求进行润滑工作等。

6. 设备维护的具体要求

在操作规程中应加入设备维护的相关说明。操作人员在操作完设备后，必须对设备进行简易的维护保养。例如，引风机每天工作后，应检查电动机传动带是否有松动情况，是否出现传动带断裂、焦化现象，并保持电气控制柜操作面板上的清洁。工作过程中，应注意听风机声音，如有异常，应立即停机，通知维修人员及时维修。

严禁重物撞击或敲击引风机电气控制柜，控制柜上严禁放置杂物等。

7. 设备关机的程序和注意事项

设备关机流程与设备开机流程一样重要。因为正确的关机顺序对设备保养起到很大作用。会出现操作人员如不会正确关机，会造成设备故障，甚至有可能烧坏设备。例如，某设备正确的关机顺序为：先关闭油泵电动机，再关闭电动机开关，然后关闭操作电源，最后关闭电气柜总电源。而有些操作者为了省事，直接关闭电气柜总电源。这种错误关机方式会对设备产生很大破坏作用。所以，设备管理员在编制设备安全操作规程时，必须加入关机顺序和关机过程中的注意事项（例如，在关机时，需要注意气源气压的变化等）。

8. 设备安全方面要求

设备安全操作规程不同于设备操作规程的区别就在于对安全有更多

的要求。

（1）操作人员的劳保要求

这主要是指在设备操作前必须将劳防用品穿戴齐全，例如，要戴好安全帽、工作手套、套袖、围好围裙、穿好劳保鞋，焊装车间的操作人员需戴好防护眼镜、防尘口罩等。

（2）设备安全方面要求

① 操作设备时针对设备安全方面应注意的事项。例如，引风机正常工作时，应将风机设定到"自动"方式，禁止手动方式下运行。通风管道下严禁站人，防止发生事故。

② 设备安全防护装置使用和调整要求。例如，压力机的安全栓、安全锤的使用，引风机的防护罩是否完好等。

③ 严禁超性能、超负荷使用设备。设备超负荷使用，在一些工厂中也十分常见。例如，起重机最大起重量为15t，在实际使用中，有时强行吊起18t的重物，这明显超出该设备的最大载荷，导致起重机出现故障，严重的还造成人身事故。所以在操作规程中应明确设备的使用范围，严禁超负荷使用设备。

（3）操作人员的岗位要求

这主要是指在设备运行过程中，操作人员必须思想集中，不得离开工作岗位。操作人员在设备运转时，要经常注意设备各部位有无异常，如异响、异味、发热、振动等。一旦发现异常，应立即停止操作，及时检查、排除。如果操作人员不能自行排除故障，则应及时通知维修人员前来处理。

二、设备安全操作规程的编制要求

1. 内容应简明

首先是"内容"要简明。设备安全操作规程是给生产一线操作人员使用的，不是给技术人员使用的。所以，设备管理员在编制相关内容时一定要简单明了，不要像写管理规定那样复杂，给操作人员带来困惑。

2. 内容应实用

即具有可操作性。在一些工厂中，设备安全操作规程连操作人员都看不明白。如果是按照这种规程来操作设备，肯定会出现问题。这就需要设备管理员提高自身的专业素质，了解甚至掌握设备操作顺序，才能编好设备安全操作规程，指导操作人员使用设备。

有些设备管理员在编制设备安全操作规程时原封不动地抄写设备说明书或资料中的操作顺序，结果发现和实际的操作流程根本不一样，这是因为，有些设备的设备说明书只是将操作步骤简明地写出来，并不能代表实际的操作顺序。所以，设备管理员在编写设备安全操作规程时，要把设备说明书中的内容和实际操作结合起来。

3. 格式要统一

这主要是指设备安全操作规程的表样、格式要全厂统一，不要冲压车间一个版式、下料车间另一个版式，到了焊装车间又不一样。这样既不利于管理，同时也增加编制难度。在一些工厂中，设备安全操作规程是以"作业文件"形式出现的，在工厂"体系管理"中"受控"管理，是很重要的文件，这就更要求要采取统一格式和统一表样了。

在工厂常用的设备安全操作规程有文件式和简明式两种格式。

（1）文件式设备安全操作规程　即"作业文件"形式的操作规程。这种操作规程已经纳入工厂管理体系中的设备管理程序中进行管理，是"受控"文件之一。

这种操作规程一般由编制目的、适用范围、职责、操作内容、操作步骤图示等构成。以下给出文件式设备安全操作规程的实例，供读者参考。

××××××××有限公司	文件页码
闭式双点压力机安全操作规程	文件版本：A
	修订次数：0
	文件编号：CCBT/SP06/JD-I-02-2

1　目的

为了使闭式双点压力机操作人员在工作过程中保证一定的安全性，减少事故发生率，提高安全意识，本公司特制订此规程。

2　适用范围

适用于本公司冲压车间闭式双点压力机设备安全操作流程。

3　职责

3.1　本公司生产车间主任负责日常安全检查和管理。

3.2　本公司设备管理员负责对安装、修理、拆卸的机电设备进行必要的安全检查。

3.3 本公司设备管理员负责在生产例会上总结闭式双点压力机设备安全生产情况，总结安全生产管理经验，提出改进建议。

4 内容

4.1 普通安全操作规程

4.1.1 使用机械压力机，存在着伤害操作员和其他人员的潜在危险，用户必须严格按照操作规程操作。

4.1.2 操作人员工作地点及模区周围必须保持整洁，道路畅通，无杂物，避免发生人身危险事故。

4.1.3 工作前必须穿好工作服，戴好防护耳塞、手套、袖套等劳动防护用品后方可操作。

4.1.4 压力机或模具的维修工作要在关掉主电动机，飞轮停止转动之后进行。

4.1.5 在模区维修，必须使用安全栓支撑滑块，此时主电动机由电器联锁，不能启动，确保人身、设备安全。

4.1.6 不要移动或损坏安装在机床上的警告标牌。

4.1.7 工作时如需要两人或多人共同完成时，应统一指挥，注意相互间的协调一致。

4.1.8 工作时，必须集中精神，不许东张西望、交头接耳、串岗与他人闲聊。

4.1.9 未经安全部门允许，任何单位及个人不得拆除或改变任何安全防护装置、联锁装置。

4.1.10 严禁在开机状态下将身体的任何部位伸入挤压区作业。非专业人员不得拆卸、维修本设备。非本机床操作者，禁止任意开动机床。

4.1.11 过度疲劳、饮酒或服用影响中枢神经的药物后禁止上岗作业。

4.2 设备操作步骤

操作步骤	内容	图例
4.2.1	接通电源,使电源指示灯亮	

续表

操作步骤	内容	图例
4.2.2	打开截止阀,使气源进入压力机各支路	
4.2.3	启动润滑电动机,使润滑正常指示灯亮,检查润滑油管有无泄漏	
4.2.4	接通安全保护装置并确认工作正常	
4.2.5	确认"工作台夹紧"按钮是否处于夹紧状态,"夹紧"指示灯亮	
4.2.6	把"主电机"选择开关置于"正转"位置	
4.2.7	按"主电机"启动按钮,使指示灯亮后方可正常操作	

5　相关文件

无

6　相关记录

无

（2）简明式设备安全操作规程　简明式设备安全操作规程内容包括操作步骤、注意事项、维护与保养等要求,与"管理体系"无关、不在"受控"文件范围内使用的,通常采用简明式。以下给出简明式设备安全操作规程的实例,供读者参考。

××××××××××有限公司
炼胶机设备操作规程
设备型号：XK-400A

一、操作步骤

1. 工作前操作者应穿戴好劳防用品。

2. 启动开车前应首先检查辊缝间有无杂物，用手转动电动机出轴部分无卡阻现象，方可通电启动。

3. 调距：辊距是借手轮旋转来调节的，手轮做顺时针旋转，辊距则小；逆时针旋转则大。辊距大小应视加工性质而定。调距时两手轮同时动作，平行进退。

4. 加料必须按传动端先投小块胶料，待包辊完成后再陆续加料，加料量必须逐渐增加，避免冲击导致安全片破坏、闷车、速比齿轮点蚀等故障的发生。

5. 停车：在日常生产完毕及交接班时，必须使机器停止运转，可用手按启动开关的"停止"按钮，电动机即缓缓停止运转。

6. 带料调小辊距时，一个人的正常力量如调不动，应将辊间胶料清理干净。严禁将辊距调为零，以免损坏机件。

二、注意事项

1. 若在操作过程中发生紧急事故，可立即向下拉动安全拉杆，切断主电动机电源，实现反接制动，使整台机器迅速停车。但在日常生产中切勿以此作停车开关用，以免损坏电气元件。

2. 每次开车前都应检查润滑系统是否工作正常，只有润滑正常，才允许启动开车。

3. 在正常工作，如果遇到停电或有事停车，再启动时，应将负载脱离开，带负载不能启动。

三、维护与保养

1. 辊筒轴承采用干油润滑，在运行中应经常检查各润滑管路系统是否畅通。

2. 减速器内采用齿轮油 N320,大小驱动齿轮及辊筒速比齿轮则用开式齿轮油 68#润滑,加入油量以能触齿高 40～50mm 为宜。

编制:　　　　　审核:　　　　　批准:　　　　　日期:

三、编制设备安全操作规程时应注意的事项

① 设备安全操作规程编制后,设备管理员一定要上报主管领导签字、审核、批准才能给各车间发放下去。如果是文件式设备安全操作规程,还要加盖"受控"章,见图 5-3。

② 设备安全操作规程一定要悬挂或粘贴在设备上或放在设备旁边的文件盒中。每个工厂,设备旁边都有专门放置指导性文件的文件盒或文件袋或专用的工装架等。指导性文件包括设备安全操作规程、作业指导书、点检表、点检标准书、工序点检表等。

图 5-3　加盖"受控"章

第六章

设备技术状态及其完好标准

设备完好标准是企业设备管理部门针对于本企业设备，根据设备的技术状态（状况）制订出的。设备的完好是保证企业生产车间一线正常生产的前提条件，每个企业的设备管理员都必须保证设备处于完好状态。企业制订出相应的、针对各种类型设备的设备完好标准，然后按照其内容，对照设备进行检查。制订好其检查频次（例如每季度），会同相关人员进行设备完好情况检查。

在企业实际工作中，设备管理员要定期对本企业所有在用设备进行一次设备完好评价（即检查）。有的企业是每月进行一次设备完好评价，也有的企业是每季度进行一次，大多数企业是采用季度方式。在进行设备完好评价之前，设备管理员要制订出设备完好标准，然后依据此标准对设备进行完好评价，见图 6-1。

图 6-1 已评价的处于完好状态的设备

第一节 设备技术状态基本概念

设备技术状态是指设备所具有的工作能力,包括性能、精度、效率、运动参数、安全(安全防护装置)、环境保护(不污染周边环境,具有一定的环保功能)、能源消耗(电源、气源)等所处的状态及其变化情况。

企业的设备(包括生产用设备和动力、其他专用设备)是为满足某种生产对象的工艺要求或为完成产品项目的预定功能而配备的,其技术状态及性能如何,直接影响到企业生产产品的质量、数量、费用与成本以及产品是否能够按期交货等,所以,设备的技术状态,是设备是否达到完好标准的一个重要依据。

第二节 设备的完好标准

设备完好,主要是指设备技术性能良好,设备在实际运行过程中,能稳定地满足生产工艺要求。例如,设备各种技术性能运行良好(包括液压、润滑、电气等部件),运转正常,满足生产要求,设备外观整洁等。

企业设备管理员必须制订出设备完好标准,且要根据不同类型的设备,分别制订出相应的设备完好标准。

设备管理员可以根据设备说明书或维护保养手册来参考制订相应的完好标准,另外,也要请教生产一线有经验的操作者或班组长、工段长,向他们咨询设备运行的相关经验。

各种型号的设备,要分别制订不同的设备完好标准,例如,冲压设备(压力机)就要制订冲压设备的完好标准。点焊机,就要制订点焊机的设备完好标准。下面,以机加设备中的数控车床、加工中心等(也有称为数控设备)为例,简要介绍完好标准的内容。

1. 设备精度、性能及各项技术参数能满足生产工艺要求

前面曾要求设备管理员做一份"设备精度检修计划",对本企业所有在用的设备,定期进行精度方面的检修计划。通过计划检修,可以保证设备精度参数的完好,保证生产产品的质量。可以说,无论是在设备维护及检修计划中,还是在设备完好标准的制定中,设备精度参数都是排列第一位的。

在制订压力机设备完好标准时,要考虑设备的主要技术参数是否正

常，有没有设备技术参数变化的情况。如果有一项技术参数异常，就表明该项设备完好标准不达标。以压力机为例，压力机的主要技术参数有：滑块行程、滑块行程次数、最大封闭高度、封闭高度调节量、工作台尺寸（包括前后与左右）、垫板尺寸等。压力机滑块行程正常工作时为360mm，可是在进行设备完好评价时发现滑块行程只能达到300mm，这就说明，滑块装置有问题，需要调整，此处不能视为设备完好。设备完好评价完成后，就要组织设备维修人员对此不合格项进行整改，直至设备技术参数中每一项都达到符合设备正常运行时的设备技术状态。

2. 各传动系统运转正常（如传动带、丝杠等），变速装置齐全

各种设备，如数控车床、加工中心、压力机、焊接机等，其传动系统（转动）都有其独特的一面。例如，数控车床有高精密传动丝杠，压力机有传动带、传动带轮等。这些都与设备自身独特的运行方式有关，如数控车床是回转车削加工，压力机是上下往复式冲压加工。设备管理员在评价设备是否完好时，一定要仔细了解其传动系统在实际运行过程中是否有异常，或是否不齐全。例如，V带（俗称三角皮带）明确规定必须有3根，可检查时发现，只有2根。一旦发现有这种传动系统装置不齐全的情况，则该项不能视为设备完好。所以，设备管理员在对该项做设备完好评价时，要认真观察。

3. 各操作系统动作灵敏可靠

设备操作系统中有诸如控制手柄、操作面板和操作按钮等相关控制装置。在实际工作中，经常能够发现很多设备的操作装置是不灵敏和不可靠的。例如，控制手柄松动，操作者只能使大力拉动，又如设备操作按钮（见图6-2）不灵敏，只能用力按动才能触发操作，还有触摸屏（见图6-3），按好几次也不反应。

图6-2　操作按钮

图6-3　触摸屏

设备管理员在对此项进行设备完好标准评价时,要逐一检查设备控制操作装置,不能有"漏网之鱼"。如果有任一项不合格,就可视为该项不合格,不能达到设备完好标准。

4. 润滑系统装置齐全,管道完整,油路畅通,油标醒目,压力阀及密封装置无漏油

设备润滑系统是设备主要工作系统之一,如果没有润滑系统,设备根本无法运行。

在对设备润滑系统进行完好评价时,要对整个润滑系统进行评价,首先是对润滑管路(管道)进行评价,管路完整,无漏油,才能视为合格。对设备润滑油箱(包括主油箱)也要进行评价,油箱是否漏油(一般都漏油)、油标线(见图6-4)、油位刻度(见图6-5)是否能够看得清楚(油标线是否明亮)。在这里提醒一下,在工厂生产车间检查设备时发现,90%左右的设备在油箱油标这个地方不合格。无论是设备主油箱,还是润滑油箱,漏油现象都很严重。至于油箱上的油标,有的几乎看不清,有的干脆就坏掉了,操作人员就为了堵住漏油,随便拿个东西堵上,也不用看油标刻度。这样肯定是不能通过完好标准评价的。

图6-4 油标线

图6-5 油位刻度

还有一点就是完好评价时,还要检查润滑系统的密封圈、密封环及其他密封装置是否完好。设备润滑系统漏油通常也和这些密封装置有关,经常是密封圈磨损,导致漏油,设备维护人员也没有发现,结果可想而知。

设备润滑装置中的密封部件,使用一定时间后,就会出现失效情况,导致漏油。设备管理员在制订设备维护保养计划与检修计划时,也要把更换润滑密封部件列入计划,而不能等到已经漏油了才换。

5. 电气系统装置齐全,管线完整,操作按钮灵敏,各装置运行可靠

设备电气系统和设备润滑系统一样,是设备主要系统之一。在对设备电气系统进行完好评价时,主要对设备电气柜与操作面板、显示器进行检查。电气柜是主要的评价点,主要检查:电气柜内设备布线是否混乱(设备电气柜内如布线杂乱,容易引发事故,这一点要注意),有没有电线裸露(容易导致触电);操作面板(操作台)上的各种按钮是否完好(有没有缺失);显示器(触摸屏)是否灵敏,屏幕有无斑点,或不能及时触发情况。这些都是做设备完好评价的要点。如果有一项不合格,也应视为该项达不到设备完好标准。

6. 设备滑动部位运行正常,无严重拉、研、碰伤

在评价设备滑动部位是否完好时,要注意滑动部位在运行过程中是否正常,其滑动部分表面有无研、拉、磨、挤等损伤。如果有损伤,则不能视为达到完好标准,说明设备维护保养工作没有做到位。

7. 设备内部及外部(外观)保持清洁

这就是涉及设备卫生清扫了。企业进行的"5S"管理,还有"TPM"管理等,都包含设备卫生这一项。可以说,在实际工作中,车间生产现场设备卫生情况的好与坏,关系到企业整体管理方法的落实程度。在企业生产现场定期打扫卫生时,设备卫生是重要一环。如果设备卫生不合格,或打扫不彻底,会给企业审核或到企业参观、考察的外方人员等带来很大的负面影响,甚至影响供货。

在企业中,生产车间一般是操作者在交接班时进行卫生清理,基本上每天都会进行设备卫生清扫。每周对设备大扫除一次,是彻底清扫。此项工作一般都由车间领导(如车间主任、副主任、班组长、工段长等)来组织完成。清扫完成后,设备管理员要进行检查,并对每台设备清扫情况做检查记录。对清扫不合格的要给予一定处罚,对清扫彻底的操作者要给予一定奖励,从而提高操作人员的设备卫生工作的积极性。

设备清扫可分成内部清扫与外部清扫两个方面。内部清扫,主要是对设备内部空间(加工工件作业区)进行清扫,例如,数控车床中,要把刀台周围的铁屑清理干净,内部玻璃及防护栏板的污垢要清理干净(主要是由切削液引起的),特别是铁屑,务必清除干净。有人可能会问,由切削液

引起的污垢还用清理吗？反正清理以后还会再出现。切削液引发的"挂壁"污垢，如果不清除，久而久之会把刀台或切削液喷嘴堵死，同时，还会散发出异味，这对于操作人员来说也是不利于健康的。所以，在对设备内部清扫卫生时，一定要注意清除铁屑、铁渣和"挂壁"的切削液。

在这里提醒大家一下，无论是设备内部清扫还是外部清扫，都必须在设备断电的情况下进行，安全第一，避免出现不该有的事故。设备管理员尤其要注意。

另一方面是设备外部打扫（也称设备外观清洁）。设备外观清扫非常重要，因为设备外观是"门面"，就像人的脸一样，如果有脏土、油污，在车间一眼就能看出来，这会给检查人员带来不好的印象。每天工作结束下班后，必须对设备外部进行打扫，特别是涂着白颜色油漆的设备，只要一有一点点污垢，就特别显眼。

在对设备完好进行评价时，也要对设备内部与外部卫生进行检查。如果设备内部或外部卫生不合格，也可视为设备不完好，从而影响整个设备的完好评价。

8. 基本无漏油、漏水、漏气现象

在企业生产现场检查设备时，经常会发现设备不是漏水就是漏气、不是漏油就是漏水，总之，总有一漏。甚至有些设备管理员会说：设备就这样，没有"三漏"简直是奇迹了。这种话虽然说得夸张，但确实有些设备存在质量不过关、故障较多的情况，但是通过操作人员合理维护与保养，也会减少"三漏"现象。

漏油主要发生在设备的润滑系统，由它导致的漏油占绝大部分，也有其他机构出现漏油的，例如，机械传动系统，在工作过程中，也有可能漏油。漏油的情况，维修起来比较麻烦，更换密封圈或密封垫就需要较长时间。而且，油会损失，造成浪费。

漏水的情况，一般出现在需要用"水源"来进行工作或用水为工作介质的设备。例如，高纯水机（医疗设备），工厂中的储水槽（给设备降温使用的）、锅炉（常压热水锅炉）、焊接车间的固定式点焊机等。

在这些需要用到水的设备中，漏水也较常见。一般漏水的设备，维修人员都能快速修好（除非管道断裂等重大故障），漏水大多数是由于管件或密封件锈死（水锈）而导致，更换部件即可完成维修。

所以，设备管理员在对设备进行完好评价时，也要把"三漏"情况作

为一个评价点,如果设备有"三漏"中的任一种,均应视为设备不完好。

9. 各紧固件及附件完整

设备管理员在制订设备完好标准时,设备的紧固件及附件是否完整也是设备完好评价的一个着重点。

设备的紧固件,随着设备运行的状况,也会发生相应的变化,如松动、损坏、脱落、生锈等。如果设备出现以上这几种情况,对设备会造成重大故障隐患,同时,对设备操作人员安全,也造成危险。设备管理员应经常组织设备维修人员到现场检查设备,特别是紧固件方面,如有松动,必须立即拧紧;如有脱落,应立即补上;如有损坏,则应立即更换;如有生锈,也要立即更换新的紧固件。

有经验的设备管理员会对设备上的紧固件非常重视。因为,一个小小的螺栓,有时会引发很大的设备故障,甚至是威胁操作人员的生命。笔者在工厂工作时,就亲身经历过一个事故,由于压力机上的一个螺栓松动(谁也没有发现),在压力机工作时,一下子弹出,打在操作者的头部,好在有安全帽的防护,但也吓出一身冷汗。发生这件事后,企业负责人责令立即停止所有压力机生产工作,设备维修人员逐一对每台压力机上的紧固件进行拧紧(可想而知工作量有多大),待全部检查完毕后,才继续生产。可见一个小小的紧固螺栓,就能带来这么大的"影响",所以,设备管理员不能忽视每一个紧固件。

另外,设备附件是否完好与完整,也是一个设备完好标准的评价点。

10. 安全防护装置齐全,无损坏

设备的安全防护装置对设备来说非常重要。安全防护装置包括防护栏、安全栓(见图6-6)、安全锤、安全带、光电防护(见图6-7)、急停按钮(见图6-8)等。

图6-6 安全栓

图6-7 光电防护

图6-8 急停按钮

设备上的安全防护系统是为了保障设备操作者人身安全的重要部件，是不允许损坏的。一旦有损坏或失效的现象，就会对操作者产生安全隐患，易出安全事故。

所以，设备管理员在制订设备完好标准时，也要把设备安全防护装置的完好列为评价项目之一。如果在完好评价时，设备安全防护装置发生损坏或失效，就算是该设备不完好，不符合完好标准。

总结：以上标准中1～6项为主要项目（主要项目依不同设备，根据实际情况制订），其中有一项不合格即为不完好设备。

主要项目里面的评价内容，只要有一项不达标，就会导致整个设备不符合完好标准，即为不完好。

而在次要项目里，有一条如果达不到完好标准，不至于影响整个评价内容，对设备完好评价不会产生"致命"的影响，所以，设备管理员在制订主要项目与次要项目内容时，一定要注意区分主要项目内容与次要项目内容。

设备管理员在界定完好评价标准中的"主要项目"与"次要项目"时，可以根据设备实际情况多列出几条，然后根据"不能影响设备正常工作，在安全情况下运行"，这个原则来确立主要项目就可以了。例如，设备掉漆，这种情况并不影响设备正常工作，所以就可以列为次要项目。

对于其他设备，如锻压/冲压设备、起重设备（包括特种设备）、工业炉窑、动力管道、工业泵、气源设备等，也要制订其相应的完好标准。

第三节 制订设备完好标准的原则

无论什么型号的设备，在制订完好标准时都应遵循以下原则。

① 设备性能良好，设备能稳定地满足生产工艺要求。设备各项参数与功能达到原设计或规定标准，运转过程中无超温、超压等现象。例如，压力机精度不准，加热设备达不到温度等，这类问题就是设备性能没有达到生产及工艺要求，该设备就不能算完好设备。

② 以下内容中有任一项没有达到要求，也属于设备不完好：设备运转正常，各紧固件及附件齐全，安全防护装置良好，磨损、腐蚀程度

不超过规定的标准，控制系统、计量仪器、仪表（指设备上的压力表等）和润滑系统工作正常。

③ 电源、气源、润滑油等消耗正常，无漏油、漏水、漏气（汽）、漏电现象，外表清洁整齐。

在实际工作中，制订好的设备完好标准（封面见图 6-9，其完整文件见附录一）以作业文件（即三级文件）形式出现，是工厂设备管理程序文件中的一部分。

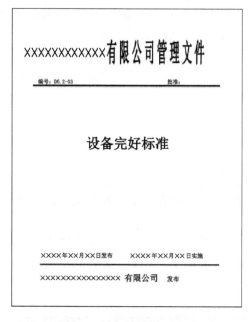

图 6-9　设备完好标准封面

企业设备管理员应在每季度末，依据设备完好标准对设备进行一次评价，填写完好评价记录，见图 6-10。

设备完好与否的评定标准：

① 完好标准中的主要项目，有一项不合格，该设备即为不完好设备。

② 完好标准中的次要项目，有两项不合格，该设备即为不完好设备。

完好评价记录

JL6.2-09

设备名称		设备编号	
评价时间：			
评价内容		评价结果（正常或不正常，√或×）	
炉体表面无积灰、杂物			
电控装置灵敏、完好、清洁			
循环油泵、注油泵无异常声响、无积灰			
油压表、温控表工作正常，读数准确			
鼓、引风机无异常声响			
导热油清洁			
报警安全装置灵敏、可靠			
控温阀无漏油现象			
过滤器完好且清洁			
结论：			
		评价人：	
备注：			

图 6-10　完好评价记录

第四节　常见设备的完好标准

下面列出企业中常见设备的完好标准项目，但因为在每个企业都有不同类型的设备，所以在制订设备完好标准时，必须结合自己所在工厂的实际情况进行。

一、有机热载体加热炉完好标准

①～⑦ 项为主要项目。
① 炉体表面无积灰、杂物。
② 电控装置灵敏、完好、清洁。
③ 循环油泵、注油泵无异常声响、无积灰。
④ 油压表、温控表工作正常，读数准确。
⑤ 鼓、引风机无异常声响。
⑥ 导热油清洁。
⑦ 报警安全装置灵敏、可靠。
⑧ 控温阀无漏油现象。
⑨ 过滤器完好且清洁。

二、搅拌机完好标准

①～④ 项为主要项目。
① 搅拌桨完好。
② 油泵完好，不缺油。
③ 减速器无异常现象。
④ 电动机无异常现象。
⑤ 电控装置灵敏、完好。
⑥ 阀门完好。

三、捏合机完好标准

①～④ 项为主要项目。
① 搅拌桨完好，轴头不漏料。
② 齿轮箱不缺油。
③ 减速器无异常。
④ 电动机无异常。
⑤ 电控装置灵敏、完好。
⑥ 螺杆、料筒完好。

四、炼胶机完好标准

①～③ 项为主要项目。
① 辊筒表面无碰伤。
② 整机无异常声响，无灰、无杂物、见本色。
③ 转动系统无异常声响。
④ 密封良好。
⑤ 安全装置灵敏、可靠。
⑥ 润滑部位无灰、清洁，油路畅通。

五、橡胶（塑料）加压式捏炼机完好标准

①、② 项为主要项目。
① 整机无异常声响，无灰、无杂物。
② 电气系统（电动机、行程开关、选择开关）完好。
③ 润滑部位无灰、清洁，油路畅通。
④ 混炼系统完好，无损坏现象。
⑤ 安全装置灵敏、可靠。

第五节 完好评价记录

完好评价记录是进行设备完好评价时需要填写的记录，也是针对于设备完好标准制订的。设备管理员在填写该记录时，应注意以下几个方面内容。

一、设备编号及设备名称

这个在前述章节中介绍过，在此不予解释（设备编号要填写清楚，设备名称要填全称）。

二、评价时间

这是指评价人员在车间现场评价设备时的具体时间。例如：2 月 6 日上午 8 点 30 分开始对设备进行评价，至 11 点 30 分结束。就在记录表格中填写"2 月 6 日 8:30～11:30"。当天记录，要当天填写完成，不

能隔天再填写。例如，2月6日评价的设备，评价的同时即应填写记录。若等到2月7日再填写，这是不正确的，有"造假"嫌疑。

三、评价内容

评价内容按照设备完好标准中规定的完好标准项目填写即可。

这里需要注意的是，完好评价记录中的评价内容，必须严格按照设备完好标准中规定的标准填写。这二者必须严格统一。设备完好标准中有几项，就在完好评价记录中填几项。

如果我们在实际工作现场中发现有的评价内容可以增加，也必须首先在设备完好标准中增加，然后再在设备完好记录中增加内容。另外，设备管理员最好在制订设备完好标准时，就充分考虑设备每一条评价内容，不要总是在设备完好评价现场，才发现不足之处。

四、评价结果

在评价结果中应填写"正常"或"不正常"，也可填写"√"或"×"。

至于采取哪种方式，可依个人习惯或各企业自行规定。因为，评价结果就是告诉设备评价人员，这台设备是否符合完好标准，只要能把意思表达清楚就可以。

五、评价结论

在所有评价项目都评价完后，要填写评价结论。这是对所评价的设备是否完好的一个总结，要由工厂设备管理员来填写。

评价结论就等于对这台设备下一个最终判定。综合设备完好评价记录内容，可以对这台设备给出是否符合完好标准的结论，如"本台设备满足设备完好标准""经设备完好评价，设备满足完好标准"等。

六、评价人

评价人，就是指参与设备完好评价的人员。要注意的是，在"评价人"这一栏中，一般要由车间负责人（一般是主任）、技术部技术人员、设备管理员3个人同时签字，完好评价记录才能生效。也有些工厂企业中，不用技术人员签字，但无论如何，车间负责人必须在"评价人"栏中签字，这是因为车间领导对设备负有管理责任，设备是否完好或达到完好标准和车间领导有一定关系。

在管理规范的企业中，设备完好评价基本是由设备管理员（组织带头）、技术人员（参与）、车间管理者（车间主任或副主任，班组长及工段长，但大多数都是由班组长及工段长配合工作）一起完成的。因为需要多个部门相互配合才能保证设备完好运行（尤其是生产部门），所以，设备管理员在组织设备完好评价时，一定要把以上人员全部召集起来。

七、备注

"备注"栏也很重要。在评价结论填写完成后，如有设备整改或改进建议可以在该栏中反映出来。

另外，在进行设备完好评价时，如果在设备现场发现有争议的地方，也要在"备注"栏里标注出来。待设备完好评价完成后再将设备出现的问题一一予以解决。

第七章 设备事故管理

企业一旦发生设备事故必然会给企业的生产经营和经济效益带来重大损失。因为任何一种设备事故，都会产生有毒、有害气体和液体的泄漏，造成环境污染、破坏生态平衡和损害人体健康。更为严重的是，会危及操作人员的人身安全。所以，设备管理员应重视对设备事故的管理。一旦发生设备事故，必须查清事故原因，采取有效措施消除事故隐患，防止设备事故的再次发生。

在企业实际工作中，设备事故是设备管理员最为"关切"的任务之一，也是最为担心出现的情况。一旦出现设备事故，不仅给生产车间正常生产任务带来严重影响（基本上就是停产）而且还会给企业带来很大经济负担（出现设备事故，一般情况下，设备由于事故的发生，已经严重破损，需要大修且费用很高，甚至导致设备直接报废，只能购买新的），更为严重的情况是，给操作人员造成伤害甚至死亡（这是最为严重的情况，如果出现设备事故造成操作人员死亡的，涉事企业必须停产整顿，并且还要给死者家属一定赔偿费用）。所以，设备管理员有责任对设备加强管理，避免出现设备事故。

第一节 设备事故基本概念

设备事故是指：设备出现严重故障后造成一定的停产时间且给操作人员带来伤害及产生的维修费用达到企业所规定的数额。

有的设备管理员往往把"设备事故"与"设备故障"混为一谈，或根本分不清。设备一旦出现故障后，也会造成一定的停产时间（也是维修时间），但是，设备故障一般都是能够修复的且是轻微的故障（重大故障除外）。而设备事故就不同了，设备事故一旦发生，设备会出现无法修复的情况，甚至直接报废。设备故障是可以修复的，且不能够直接导致报废，设备事故是不可以修复的，且能够导致设备报废的。这就是两者主要的区别。

还有一点就是，设备故障引起的停产时间一般不会很长（重大故障可能会造成停产时间长一些，但也够及时修复），而设备事故造成的停产时间往往会很长（例如：设备损坏或设备报废）。如果由于设备事故给操作人员带来伤害甚至死亡，那停产时间就会更长。如果是设备事故，造成人员死亡的情况，就会有安全生产管理部门介入（安监局），没有调查处理完，就不会允许企业生产。所以，在停产时间上，两者也完全不一样。

第二节　设备事故划分标准

设备事故如何划分、如何制订相关标准，每个企业或工厂都不尽相同，可以说一个企业一个样。在不同的工厂或行业里，设备事故的划分标准不完全一样，需要根据工厂或企业的实际情况而制订的。比如，有些企业中用到的设备事故划分标准如表 7-1 所示。

表 7-1　设备事故划分标准

事故类型	维修费用/元		停产时间
	一般设备	关键设备	
一般事故	500～5000	1000～10000	因设备事故造成生产线停产 12h 以上（含因设备事故造成全厂供电中断 10～30min）
重大事故	5000～20000	10000～30000	因设备事故造成生产线停产 48h 以上（含因设备事故造成全厂供电中断 30min 以上者）
特大事故	20000 以上	30000 以上	因设备事故造成生产线停产 2 周以上（含因设备事故造成全厂供电中断 2 天以上）

一、一般事故

1. 维修费用

一般设备在 500～5000 元之间。这只是个示例，维修费用在各个企业的标准如前所述，都不尽相同。有的企业标准是在 800～6000 元之间，还有的企业标准是在 1000 元以上，这就要看工厂实际情况分别制订，如有的企业设备都不算"精贵"（都是二手货），那么，维修费也不会太高（坏了就准备买新的了）。但如果有的企业设备都是新的且是精密的、价值高的，那么，维修费就会较高。另外，这个费用指的仅是一般设备的维修费，如果发生一般事故的设备是关键设备的话，其维修费也会随着"关键"二字"涨价"，维修费就会高很多。如表 7-1 中关键设备维修费用标准是 1000～10000 元。跟一般设备一样，每个企业对关键设备维修费制订的标准也不一样，这也要和企业实际情况相配套。

在设备出现事故后，设备管理员会同相关人员（如技术员）到现场对设备（包括备件及附件、电气、润滑等装置）的受损程度进行大概评估，估算出需要多少维修费用。所以，这个费用价格是不定的，要根据设备实际受损情况来制订。

2. 设备事故造成的停产时间

这里的停产时间包含有两个意思：一是由于设备事故造成设备损坏引发的设备停产，导致整条生产线全面停产；二是由于设备事故造成全厂供电系统断电停产时。

（1）设备事故造成生产线停产时间

表 7-1 中给出的是 "12h 以上"。如前所述，生产线停产时间也是根据企业实际情况制订的，在实际工作中，如果设备事故造成的整条生产线停产 12h 以上，其实就已经很严重了。有的企业在制订其生产线停产时间不能超过 2h，这也是有根据的。因为，在企业（例如：生产汽车整车的企业）如果停产 1min，都会给企业带来重大损失。不管什么原因的停产在 2h 以内，都算是比较"宽容"的了，更别提"12h 以上"了。当然，有的设备管理员会说，我所在的企业规模小，产量不高，设备也破，别说停产"12h 以上"，就是停产"48h 以上"，也没什么问题。如果是这样，我们觉得这样的企业应该经营不了多长时间了。一般的生

产型企业可绝不会说出"停产多少时间都无所谓"的话。正常情况是，停产时间越短，损失也就越小。

（2）设备事故造成全厂供电系统断电

这种情况在企业也能经常出现，设备一旦出现事故，不仅造成整条生产线（或整个车间）停产，也会同时造成全厂供电系统（例如：企业的变电室、变电所等）断电。

一般来说，在企业中电源电力供给系统，分成"动力电"与"照明电"。

"动力电"主要给设备使用。"照明电"提供一般照明使用，如办公楼用的电灯。设备事故造成设备停产时，往往会使"动力电"断电（需到变电室重新推闸送电），而"照明电"还有。这种联锁效应，有时也会使其他车间断电。

在车间如果出现设备事故，现场人员就听见一声"巨响"，然后，整个生产线（或整个车间）顿时"鸦雀无声"，好像时间突然停止一样。

所以，车间生产用设备必须严禁发生设备事故。一旦出现，由此带来的后果，往往是非常严重的。

二、重大事故

表 7-1 中列出，维修费用一般设备在 5000～20000 元，关键设备达 10000～30000 元，或因设备事故造成生产线停产 48h 以上（含因设备事故造成全厂供电中断 30min 以上者）为重大事故。

重大事故在企业实际工作中，很少出现，但是也不排除出现的可能。出现重大事故后，不仅会导致维修费升高（包括一般设备与关键设备），造成的停产时间也比较长，相比之下，给企业造成的损失也就更大。

1. 设备维修费用较高

出现重大设备事故后，无论是一般设备还是关键设备，其维修费用都比较高，具体要通过看设备损坏程度（当然，肯定比一般事故严重得多）来判断。

另外，还有一点，出现重大事故时，设备损坏一般是由设备制造厂家的工程技术人员来维修，本企业的维修人员一般是不具备这个水平的（当然也有维修水平高的人员）。所以，除设备维修费用外，企业还要额外负担一定的厂家技术人员的"上门费"。在维修设备的同时，还要订购一定数量的原厂配件（一般厂家技术人员来企业时，就会带来，当然得提前订好）。出现重大事故后，平时储备的设备备件往往用不上，因为，整个设备都遭到损坏，更换的备件也种类繁多，我们平时所储备的备件种类不够齐全，所以，要临时从设备厂家订购。

2. 停产时间较长

设备重大事故所造成的停产时间一般来说，都会比较长（因企业各不相同的情况，可以制订不同的停产时间），我们在前面说过一般企业生产线停止1h，都"受不了"。如果，出现"重大事故"那就需要整改了，或被有关部门勒令停产整顿。从表7-1中不难发现，"重大事故"造成生产线（或生产车间及生产工段）停产48h以上，且造成全厂供电系统断电30min以上。一般来说，企业供电系统中断30min以上，变电所的供电装置也会损坏，且比较难以在短时间内修复。这就说明，即使设备能够迅速维修好，也不见得供电系统能得到恢复。

3. 易造成人员伤亡

虽然，在划分标准上没有明确说明有人员伤亡情况的分类标准。但是，出现设备"重大事故"时，往往会伴随有操作人员受到伤害（例如划伤、碰伤、烧伤、烫伤等），或者会出现死亡情况（造成人员伤亡，问题就更大了），所以，设备管理员一定注意，除正常维修受损的设备外，也要注意人员伤亡情况（虽然这件事不归设备管理员管，但是设备管理员也要在相关的报告单上注明人员伤亡情况）。一般在企业中，出现人员伤亡情况应由安全管理员管理。

三、特大事故

表7-1中列出：维修费用一般设备在20000元以上，关键设备在30000元以上，或因设备事故造成生产线停产2周以上（含因设备事故造成全厂供电中断2天以上），为特大事故。

企业一旦出现设备"特大事故"，会立即停止所有生产线或生产车间及工段的工作。整个企业由生产状态立刻转成"停产整顿"状态。这个时候，除了设备管理员要到现场了解及记录情况外，企业的所有领导都会参与进来，且企业所在地政府主管部门（安监局或消防队等）也会组织人员介入调查。因为设备"特大事故"意味着，由于设备造成的"事故"已经给企业造成了严重破坏（例如锅炉爆炸、设备所使用的导热油，突然喷出等），已经涉及"安全事故"了。这些超出了设备管理员权限范围，但设备管理员仍有调查的权利，因此，设备管理员也要做好设备事故报告。

判定设备"特大事故"的要点主要有以下几点。

1. 设备维修费用特别高

出现"特大事故"时，设备损坏程度非常严重，基本上已经没有什么维修价值了，就等同于报废，即使维修其维修费用也相当高，还不如再购买一台新的。这时，设备管理员要做好记录，同时在设备台账及设备档案中对涉事设备做好备案，然后存档备查。同时，要填写设备报废单，经主管领导批准签字后，一同存入设备账案。在设备台账中，将此设备注销。

2. 造成停产周期时间长

企业出现设备"特大事故"后，所造成的生产线（或整个生产车间）停产时间会非常长。前面已经提到过，出现"特大事故"时，设备基本上是报废了，由于设备事故发生特别突然，企业也没有替代的备用设备，只能从设备厂家临时购买。设备运到企业后，才能恢复生产。这也就是一般企业中，相同的"重点"或"关键"设备一般都有备用的情况（当然，这绝不是为了出现"特大事故"预备的，而是为一旦出现设备故障无法修复的情况，不致影响生产而备用的）。在表7-1中给出的是：生产线停产2周以上，或给全厂供电系统造成中断2天以上的事故。由此可以看出，"停产2周以上"基本就是全厂停产的状态了，而造成企业供电系统中断2天以上，也是整个企业处于停产状态了，并且，供电系统维修也需要一定时间，这就更会使企业的"停产"时间延长。

3. 造成人员伤亡

设备出现"特大事故"后，往往伴随有操作人员伤亡的情况（这时常常是重伤或伤残甚至死亡）。企业在恢复受损（或购买）的设备同时，也要对人员伤亡进行处理。该去医院治疗的进行治疗，该进行工伤认定的要到有关部门进行认定（或评伤残等级）。如果有死亡的情况，就要处理死亡人员家属的善后工作（一般都是赔偿金）。同时，还要配合政府安全生产管理部门（例如：安监局）或消防部门的调查工作。一旦有人员死亡情况，企业必须停产整顿，接受相关部门的调查，待事情处理完毕之后，才可以恢复生产。另外，造成出现设备"特大事故"的有关人员也要接受有关部门的调查。这时，设备管理员除要记录设备事故发生的经过以外，也要配合有关人员的调查和询问。全部事故处理结束后，设备管理员将设备事故报告存到设备档案中。

综上所述，设备事故类型的划分主要依据三点：一般设备的维修费用；关键设备的维修费用；设备事故造成的停产时间。

要想避免出现这些恶劣的设备事故，只有一个办法，那就是加强设备的日常点检和定期的检修与维护保养。设备管理员在平时工作中，一定要认真，要以高度的责任心来完成本职工作。设备无小事！

在前文已经提到，各个企业所制订的设备事故划分标准不尽相同，主要是依据自己企业实际情况来制订的。下面再举一个示例，供大家参考。

示例7-1　某汽车零部件厂设备事故划分标准

一般事故：修复费用一般设备在100～500元；关键设备在1500～2000元者；或因设备事故造成车间停产30min～1h为一般事故。

重大事故：修复费用一般设备在2000元以上；关键设备在5万元以上者；或因设备事故造成车间停产1～3h为重大事故。

特大事故：修复费用达5000元以上者；或因设备事故造成车间停产一周以上者为特大事故。

这个例子和表7-1所举出的案例有很大的不同：设备维修费用更低，停产时间也短。由此可看出，这个企业规模并不是很大。如果"处罚"过高，就不切合这个企业的实际情况。维修费用、停产时间和企业设备的价值、精密和复杂程度、新旧情况都有关系，另外，还和本企的维修人员的维修水平、备件储备情况等有关，所以，设备管理员在制订设备事故划分标准时，一定要综合考虑各方面因素，制订的设备维修费用的范围不能过高或过低，设备事故造成的停产时间也要符合设备实际工作情况。

第三节 设备事故的性质

根据事故产生的原因，可将设备事故性质分成以下三种。

一、责任事故

由于人为原因造成的事故，称为责任事故。

责任事故是企业设备事故原因中出现频率最高的。在一般情况下，工厂发生的设备事故大多为责任事故。责任事故就是相关人员（肇事人员）工作过程中，由于个人的原因，如注意力不集中、违章操作、擅离工作岗位、违反设备安全操作规程、超负荷运行、维护保养不良、检修设备不当、忽视安全操作措施、加工工艺不合理等造成的事故。

二、质量事故

主要是因设备的设计、制造质量不良、维修质量不良和安装调试不当而引起的事故。

主要包括以下两个方面。

① 设备制造厂家，在设备出厂时，由于所制造的设备质量不过关，在生产过程中，造成的设备事故。

这种情况不能说没有，但都可以避免，不致出现重大事故或特大事故，一般也就造成一般事故或者就是一般类的设备故障，维修解决就可以。但对于一些质量不太好的设备，要注意加强日常的维护保养和点检工作。

② 企业的维修人员在维修设备时，对设备结构没有很好掌握，或者没有准确判断故障原因就盲目进行维修。然后，又匆匆忙忙地将设备安装好（这种事经常在企业中发生），往往导致操作人员开动设备准备使用时发生设备事故。

这种情况，就需要设备管理员加强对设备维修人员的管理和监督，对于素质较低或没有责任心的维修人员，要坚决清理出维修团队。

三、自然事故

主要是指因天气等自然现象造成的设备事故。虽然这种事故发生的频率不高，但是，设备管理员也要注意。

在企业中较为常见的，会引起设备事故的自然现象主要有以下几种。

1. 洪水

年年新闻里都会有报道，某省某市发生洪水，工厂及市区被淹等。这就需要企业（无论是地处我国南方的企业还是北方的企业）时刻做好防洪的准备，特别是经常出现洪水的地区。

2. 雷击

因雷击造成的设备事故，在企业中比较常见。企业工厂厂房或办公楼，尤其是工厂变电所，一定要安装防雷装置。常用的防雷装置就是避雷针。

3. 地震或台风

出现"地震"或"台风"这种最为恶劣的"自然"现象，会给企业带来很大麻烦。一般来说，也是人力无法完全避免的。一旦出现这种情况，首先要保证人员安全，其次是设备，将全厂供电系统拉断，使设备处于停止状态，以使损失降到最低。

因各种自然灾害造成的设备事故，设备管理员无法从根本上避免，只能是预防或是降低设备损失程度。设备管理员可依据企业当地自然特点，制订出一套合理的紧急预案，一旦出现自然灾害，可以立即执行紧急预案，把损失降低到最低。

第四节 设备事故管理流程

① 设备发生事故后，操作者应尽可能采取停止事故延续的措施，立即报告班长及车间主任。

这是现场出现设备事故时，第一时间的反应。设备操作者是设备事故发生的第一见证人（也可以说是责任者），在力所能及的情况下，应迅速将设备电源切断，使其停止运行，然后再向班长或车间领导报告。

② 设备管理员、维修人员应立即到达事故现场，了解情况，拍照，同时报告设备管理部。

③ 经确定为一般事故时，设备管理员查明原因和责任后可组织修复，尽快恢复设备运转；对于重大事故和特大事故，设备管理员除组织修复外还应向主管副总经理、生产管理部门领导汇报事故情况，并向总经理汇报。

这里所说的，就是权责问题。设备管理员在遇到一般事故时，是有权处理的,当了解情况与查明原因后,可以组织修复设备,恢复生产。但是,出现重大事故或特大事故时,设备管理员不仅是要了解情况、查明原因,还要向主管领导汇报,必要时还要向总经理直接汇报工作,不可以自行处理。

④ 设备管理部门本着"三不放过"的原则进行调查分析,填写设备事故报告单,见图 7-1。

设备事故报告单

车间:　　　　　　　　　　　年　月　日填报　　报送日期(事故发生后五日内)

设备编号		型号及名称			设备重要性分类	
事故部位				设备所在地		
				事故发生时间		
				恢复使用时间		
				事故责任者		
事故情况及主要原因:						
事故造成	减产产品名称			损失估价	总计	元
	停工天数				停工损失	元
	停工台时				修理费用	元
事故处理及今后措施	对损坏部分的处理(更换、修理及其他措施):					
	对责任者处理意见:					
	今后的预防措施:					
	设备部意见:					

注:此表填写一式二份,设备部一份,总经理一份。

图 7-1 《设备事故报告单》

⑤ 一般事故由生产管理部、设备管理员、维修车间维修人员、设备操作者及相关人员，分析事故原因，制订安全防范措施。

⑥ 重大和特大事故由生产管理部门领导或主管副总经理组织相关人员进行事故分析，制订安全防范措施，保存好事故证据及现场照片，事故结论应客观、真实、准确。

⑦ 依据设备事故报告单，由生产管理部提出对责任部门和事故责任者的处理意见，经生产管理部门领导批准后执行。

⑧ 设备管理员针对事故情况进行分析，制订再发生对策并修改设备安全操作规程及设备点检表。

第五节　设备事故原因的调查分析

事故调查是分析事故原因和妥善处理事故的基础，事故调查时必须注意以下几点。

① 事故发生后，任何人不得改变现场状况，不得移动或接触事故设备的表面，因为事故发生的现场，可以提供查找分析事故原因的主要线索。

② 迅速进行调查，包括仔细查看现场、事故部位、周围环境，向有关人员及现场目击者询问事故发生前后的情况和过程，必要时可照相。调查工作开展越早越仔细，对分析原因和处理越有利。

③ 分析事故切忌主观，要根据事故现场实际调查，如有必要，可以请专业公司进行相关实验数据、技术参数定量计算。最后再进行事故定性分析，以准确判断事故原因。

第六节　设备事故的处理

设备事故处理要遵循"三不放过"原则，即：
- 事故原因分析不清不放过；
- 事故责任者与群众未受到教育不放过；
- 没有防范措施不放过。

企业生产中发生设备事故总是一件坏事，必须认真查出原因，妥善处理，使事故责任者及其他操作者受到教育，制订有效措施与防止类似事故重演,绝不可掉以轻心。

在查清事故原因、分清责任后,对事故责任者视其情节轻重、责任大小和认错态度,分别给予批评教育或经济处罚,触犯法律者要依法制裁,对设备事故责任的单位、部门和个人,应加重处罚,并追究部门主要领导责任。

示例 7-2　某汽车零部件厂设备事故处理规定(节选)

对造成设备事故责任者视情节给予 100~1000 元处罚,严重的取消操作设备资格,同时责令下岗。追究公司主要领导人责任,一般生产设备事故,处罚责任部门领导 500 元;重大设备事故,处罚责任部门领导 1000 元;特大设备事故立项研究处理。

事故发生 5 日内,事故责任部门主管领导签署意见呈《设备事故报告单》(一式两份)上报,一份报公司总经理,一份留置设备部门存档备查。重大、特大设备事故该报不报,按隐瞒事故处理,并处罚公司主要领导人(副总经理)5000 元。人为原因而造成设备事故者,按损失价值的 5% 赔偿。

第七节　设备事故报告

发生设备事故单位或部门应在 5 日内认真填写设备事故报告单(一式两份),一份报送设备管理部门。一般事故报告单由工厂设备管理部门签署处理意见。重大事故和特大事故报告单应由工厂主管领导(副总经理或总经理)批示。

设备事故处理和修复后,设备管理部门应按规定填写维修记录,报送上级主管部门,同时设备管理部门每季度应统计上报设备事故及处理情况。

设备事故报告单应记录的内容如下。

① 设备名称、型号、编号、规格及设备类别(一般设备或关键设备)等;

② 发生事故的时间、地点,详细经过,事故性质,责任者;

③ 设备损坏情况,重大、特大事故应有照片,以及损坏部位,原因分析;

④ 发生事故前、后设备主要精度和性能的测试记录，维修情况；
⑤ 对事故责任者处理结果及今后防范措施；
⑥ 事故造成的损失费用。

设备事故的所有原始记录和有关资料，均应存入设备档案。

第八章 设备故障管理

现在设备都在朝着高速、精密、自动化方向快速发展，如果企业或工厂频繁出现设备故障，势必增加设备停机待修或维修时间，将会给企业造成一定的经济损失。同时，设备故障的产生，也会给设备事故的出现带来隐患，给生产环境造成污染，增加维修费用。所以，企业设备管理人员要加强设备故障管理，必须降低或减少设备故障，保证设备高效正常运行。

设备管理员或设备维修人员在实际工作中接触最多的情况，就是应对各种类型的设备故障。如果企业设备管理工作不到位或管理不善，就会出现"天天都有故障，天天都在维修"的恶性循环现象。出现这种情况，就说明，设备平时的日常点检工作没有做好甚至可能根本没有做，定期维护保养也没有认真去执行。

第一节 设备故障基本概念

设备（系统）或其零部件、附件在运行使用过程中，因某种原因丧失了规定的功能，导致其不能继续工作，称为设备故障。

设备故障有可能出现在设备本体上，也有可能出现在设备部件或附件上，还有可能是设备功能（技术参数）有问题。

一、设备本体故障

设备本体(整体、主机等,见图 8-1)在生产运行过程中,出现异常导致设备停机,如设备整机出现异常抖动、机身出现裂纹等。这种情况一般不是在短时间内造成的,在日常点检或定期维护保养时,就应该可以发现。出现这类问题,设备管理员要组织设备维修人员进行现场维修,同时,也要与设备厂家取得联系(一般与设备出厂质量有关)。

二、设备部件或附件故障

在企业实际工作中,遇到最多的,就是因为设备某个零部件(部

图 8-1 设备本体(主体)

件)或附件(附件出现故障不至于影响设备停机)出现问题,导致出现故障。设备维修人员的日常工作,也就是围绕着设备零部件出现故障(更换或维修)进行维修工作。因设备零部件故障造成的设备停机,占平时设备维修人员工作的 60% 以上。

设备零部件的故障,是指如轴承、油管、显示器、操作按钮、电动机、传动带、带轮等的故障。因为这些设备部件导致出现设备故障,就是设备管理员与设备维修人员日常面对的"基本问题"。通常设备管理员是主管设备维修人员的(如维修班或机修班),而有的企业是设立一个车间或工段单独来负责设备维修工作,如机修车间或维修工段。设备管理员平时下达的检修计划与维护保养计划下发到维修部门来执行,设备管理员进行监督。但车间设备出现故障,班组长会直接找到设备维修人员进行维修,而不是先通知设备管理员,再由设备管理员派出维修人员进行维修,以致有时设备出现故障,设备管理员都不知道。这种模式不利于设备管理,应尽量避免采用。

设备部件导致的设备故障,有很大一部分是设备零部件出现磨损、

劣化等问题造成的。有些朋友可能会问，只要我们平时把设备检修与设备维护保养做好，设备就不会出现故障问题。但是，这只是理论上的可能性。当然，如果设备检修与设备维护保养工作都没有做好，设备故障就更频繁了。设备运行时，有时会有突发性的故障，如轴承，在例行的设备维护保养过程中，确认不用更换的，还可以继续使用，但是在设备运行过程中发现，设备故障停机就是由于这个轴承损坏而引发的。所以，这种突发性故障，是避免不了的（这也和设备零部件的质量有关）。但只要做好设备检修与定期的设备维护保养，设备故障率就会下降很多。如果遇到突发性设备故障，只要把设备备件储备充足，基本保证"件到病除"，这样维修时间也非常短，并不影响生产。

设备附件是指如压力机的防护栏、安全锤，自动送料机上的卡料器，液压机附属冷却站（见图8-2）等。设备附件一般不会直接与设备主机及其零部件产生太大的联系，即使设备附件出现故障也不会导致设备停机，因此，有人说这种设备附件故障并不是很重要，不影响设备工作而疏于维修。这种观点是错误的。例如，压力机上的"攀梯"且带防护栏的，那是给维修人员到压力机顶部维修时使用的，你能说，不影响操作就没有用处吗？如果这个"梯子"出现开焊或其他撞击导致的折弯，就不给维修吗，那将来维修人员怎么上到压力机顶部去维修主要设备？所以，设备维修人员要对所有故障类型"一视同仁"，只要有故障，都必须进行维修。

图 8-2　液压机附属冷却站

三、设备功能故障

设备功能（也可以说设备性能或技术参数）而引发的设备故障，在实际工作中，也会出现。设备技术参数，对设备来说是非常重要的，当设备性能达不到规定的工艺用值，设备就可能出现故障或者加工的产品不合格。但因设备功能而出的故障，一般来说，是无法立即解决的，设备技术性能劣化，或技术性能降低，是一个长期的过程，就算是更换影响其技术性能的零件，也不太可能恢复到设备原有的技术状态。所以，可以在设备检修计划或设备维护保养计划中，把影响设备技术参数的部件纳入计划当中，在检修或给设备做维护保养时，对这些部件做好检查，以避免在日常工作时，因这些部件技术性能劣化而导致的设备故障。

由设备技术性能而导致的设备故障，必须要引起重视，设备管理员也应时刻注意设备的技术性能，做到早发现，早解决。

第二节 设备故障分类

一、突发性（偶发）故障

也称为临时性故障，即通过事先的检查或监控不能预测到的设备故障，是事前无明显征兆或预兆也没有发展过程的随机故障。发生设备故障的概率与使用时间周期长短无关，例如润滑油、液压油、气源突然中断，电动机过载引起零件（其他部位）折断、断裂、破裂等。

这种突发性的、临时性的故障，是日常设备维修工作中，发生频率最高的故障类型，即使做了定期的检修计划与维护保养计划，也不能完全排除（前文已经提到过），更是没有办法完全避免的。所以，设备管理员要组织或安排设备维修人员到生产车间或每个工段例行"巡检"，通过与设备操作者保持沟通，了解设备实际运行情况，才有可能准确地发现设备故障隐患，及时地予以排除。

在这里和大家说明一下，有些企业的设备维修人员工作主动性不高，如果有人来通知设备出现异常了，他们才去维修（一般情况都是这样）。有的是设备管理员（维修人员的主管领导）来督促了，他们才会去"巡检"，但态度也不积极，也就是走马观花地看。这种情况下，设备管理员要先把各个车间或工段那些经常出现故障的设备摸清楚，要心中有数，在将情况掌握完全以后，再安排工作。另外，也要提高自身业务水平，才能让这些一线的、有经验的设备维修人员心服口服地按照工作安排做事。

一般情况下，设备突发性故障不可能完全避免，但是要有所准备，要做好预防工作，该备的备件一定要备齐。这样，一旦出现这种故障，我们就可以立即处理，减少维修时间。

二、渐发性（磨损性）故障

渐发性故障是通过测试工具、仪器或监控可以预测到的故障。这种故障发生的概率与设备使用时间长短有关，使用时间越长，发生故障的概率越高。例如，零部件的磨损（密封圈、密封环）、腐蚀、生锈及疲劳、蠕变、老化等引起的故障。

这种渐发性（磨损性）故障的预防方法就是利用定期的设备维护保养工作，将设备的易损件、易磨件进行检查与更换。但是，随着设备工作时间的增加，磨损性故障也容易暴露出来。虽然，我们可以在定期的设备维护保养中将其解决，但也不能排除各种易损件的临时性的磨损故障的发生，例如，我们在给某台设备做定期维护保养时，更换了一个密封胶垫，按照正常使用周期来说，这个胶垫可以用到下个月（或者下一季度）维护保养周期到来时。可是，刚换完一周，这个密封胶垫就开始有了磨损，导致设备油管漏油。当然，这有可能与密封胶垫本身的质量有关，但由此也可以看出，依靠定期的设备维护，也不能完全避免这种渐发性故障。

在实际工作中，我们也可以利用一些设备检测工具来对设备进行检查，以减少这种渐发性故障。例如，测温仪（测温枪）是专门检测温度的一种仪器，携带方便。在高温状态下，我们不可能直接用手"触摸"，只能用这种测温仪进行检测。当设备温度过高时，就会使相关的零部件产生严重磨损甚至导致其熔化。这时，就要根据实际情况，停机更换备件，以消除设备故障隐患。

另外，还有一点，发生这种磨损性故障，也和设备使用时间有很大关系。新设备经过一段时间的磨合后，就会逐渐转入平稳运行期，这个时间段内一般不会出现太多的磨损性故障。但是老设备，由于各种耐磨部件，都已经快磨光了，若不是经常更换部件，这设备早就不转了。因此，我们遇见这种设备时，或者其他类型的老设备，更要观察其经常磨损的部件，一旦发现异常就应立即更换，不用等到定期检修时或保养时才更换（那样就来不及了）。所以，设备使用时间越长，其磨损性故障出现的频率就越高。设备使用寿命到达后，就该"退休"了，因为，其设备所有零部件都已经达到了使用极限，再使用，就会有产生设备事故的危险。所以，在设备档案中，要明确记载设备进厂日期及使用日期。设备一旦用到极限，设备管理员就要向主管领导申报设备报废（或设备改造也行）。

三、重复性故障

重复性故障是指单台设备在本月时间以内，在设备同一部位连续发生三起以上（有的企业采用四起以上，这可以根据企业实际情况自行确定，但次数不能太少，因为故障次数太少，就不能称为重复性故障了）的同类型故障。

在实际企业工作中，这种重复性故障，设备管理员尤其要注意。因为，总是在同一个故障点发生故障，基本上说明该故障可能是由其他故障隐患间接导致的。

例如，设备的轴承，在一个月之中，在设备同一个部位发生三次故障，更换了三个同型号的轴承，可是换上新轴承后，用不了几天，轴承又坏了。这时，就需要设备管理员进行故障分析了，必要时，要对设备采取停机拆卸相关部件等措施来处理。因为，这种重复性故障，很可能隐含有重大故障，如不及时处理，会造成设备事故。

重复性故障，有可能是电气、液压、润滑等机构所引发的。这种现象在企业中也比较常见。因为，要对多个与此部位相关的故障点逐个检查、逐个排除，所以，这种故障解决起来比较费时，这就要求设备维修人员要耐心，例如，一些大型设备（如1600t压力机），出现重复性故障，排除故障点的工作量甚至赶上了大中修的工作量，这时，设备维修人员要耐心、仔细检查，不能因为自己工作上的疏忽，给设备带来隐患，甚至导致发生设备事故。

四、多发性故障

多发性故障一般是指单台设备在当月时间以内，在不同部位多次发生不同内容、不同性质的故障。

在实际工作中，"多发性故障"是常见故障的一种，也是比较令人头疼的故障。由于是在设备的不同部位，故障类型又不相同，给设备管理员及设备维修人员的工作带来一定的困难。维修人员无法根据固有经验来判断故障原因，只能用"排除法"将故障隐患一一排除，因此维修人员在处理这种故障时，一定要有耐心。

五、初（早）期故障

初（早）期故障一般是指新设备投产使用后 3~6 个月内所发生的故障（这个投产使用时间不是固定的，有的企业是半年以上）。这种故障主要是由设备的设计与制造缺陷所引起的，其故障率会随设备运行时间的推移而逐步降低（也就是到达了设备逐渐稳定运行的时期）。

这种设备初（早）期故障，其实是一种比较"正常"的现象。新设备在进厂安装完毕后，进行试运行（也称试车），在这一时期里，设备或多或少会出现故障，但都是比较轻微的，都是可以通过调整与更换部件予以解决的。一般设备都会试运行 1~3 个月甚至更长时间，且设备厂家技术人员也会在现场进行指导，通过不断磨合，使设备故障隐患暴露出来，然后，予以排除。

设备过了试用期后，进入正式生产阶段（投产），此时如还发生一定的故障，这就可能和设备质量与制造缺陷有关了。出现这种情况以后，设备管理员要及时与设备制造厂家人员沟通，让设备制造厂家维修人员来到企业现场解决问题，或是更换备件。企业自己的设备维修人员先不要自行维修，更不要随意进行拆卸，以免造成不必要的损失。而且设备刚投产没多久，并没有过设备质保期（一般为一年），出现故障，设备制造厂家维修人员还是会来到企业，现场解决问题。即使过了质保期，出现故障，制造厂家也还会派人前来处理，只不过要收取一定费用了。所以，企业自己的设备维修人员要抓紧时间，在质保期内多向设备厂家维修人员学习。

第三节　设备故障管理流程

企业设备管理员要制订一套专门应对设备故障的管理流程，以便在出现设备故障后，有一个完整的工作规范来指导相关人员处理故障，不会造成慌乱。

企业在处理设备故障时，都有适合本企业实际情况的工作方法，下面给出一些企业常用的处理设备故障流程，以供参考。

（1）设备出现故障后，操作者应立即停机，必要时应切断电源，报告班长，由班长通知维修人员进行维修。

在企业中一般设备（生产用设备）都是由生产一线的操作者来操作的，因此，也通常是操作者首先发现设备故障的，这时，操作者要立即将故障设备关机（紧急时按下急停按钮），并切断电源，以保证安全。然后，再向生产班长报告情况。在有些工厂中，有些操作者不告诉班长，自己就去找设备维修人员进行维修。这种做法是不规范的，因为，按规程操作者无权（或是没有必要）直接找维修人员，只能先报告班长，再通过班长找设备维修人员来解决故障。

当班班长在接到操作者的报告后，必须立即赶到设备故障现场，向操作者详细了解出现故障时的情况，包括故障前、运行中、故障后等的异常情况；然后，确认目前设备处于停机状态，确认关闭设备电源后，向维修人员报修。班长要注意的是，一定要先了解设备故障的情况，再去找设备维修人员进行维修，以免不了解真实情况，描述不清楚或错误而造成维修人员误判，增加不必要的工作。

（2）生产部机修车间维修班长（或生产车间维修班）接到报告后应立即组织维修人员到达故障现场，进行设备维修，修后及时填写设备故障维修单（见图8-3）。

在这里负责设备维修的部门是"生产部机修车间"，也有的企业是设备管理部门主管（例如机动部、设备部、设备科等），还有的是各个生产车间的维修班组或维修工段由维修班长管理，或由设备管理员直接管理。叫法虽不同，但职责其实都是一样的。

负责维修班组的班长（或设备管理员）接到生产班长报修信息后，要立即组织维修人员，到达设备故障现场，在向设备操作者了解情况

xxxxxx有限公司

设备故障维修单　　JL6.2-14

申请单位：　　年　月　日

设备名称：		设备型号：		报修人员：	
故障发生时间：		故障排除时间：		停机时间：	
故障现象：					
维修经过：					
更换备件：					
预防及措施建议：					

报修单位负责人：　　维修单位负责人：

设备故障维修单　　JL6.2-14

申请单位：　　年　月　日

设备名称：		设备型号：		报修人员：	
故障发生时间：		故障排除时间：		停机时间：	
故障现象：					
维修经过：					
更换备件：					
预防及措施建议：					

报修单位负责人：　　维修单位负责人：

xxxxxx有限公司

图 8-3　设备故障维修单

后，开始进行设备维修。这里要注意的是，维修前，必须要了解清楚设备故障发生时的情况，以便迅速找到设备故障点，快速解决故障。

设备维修后，要填写设备故障维修单（也有的称为设备维修记录，总之，设备维修以后一定要进行相关记录）。这里涉及一个问题，即设备故障维修单由谁来填写。

一些管理比较规范的大中型企业，其管理制度比较严格，在设备维修工作完成后，相关的维修记录由设备维修人员来填写，再由设备管理员确认，也有的设备维修记录由设备管理员来填写。这两种情况在企业中也都常见，设备管理员可根据本企业实际情况灵活掌握。

还有一点需要注意的是，设备故障维修单填写完成后，要交给设备管理员进行存档。因为，设备故障维修单或设备故障维修记录是企业审核时“必审”的记录之一，也是统计设备故障率的原始资料。因此，要妥善保管，不要丢失。另外，设备故障维修单要真实填写，不得造假。因为，真实记录设备故障发生及维修情况，可供进行故障统计、分析，可为今后制订设备大中修计划或维护保养计划提供准确的原始资料。

（3）针对设备维修停机时间超过 30min 的故障，生产车间要及时向生产部报告，以便采取应对措施保障生产。

有些企业对于因设备故障维修而导致的设备停机时间有着严格的要求，有些企业可以停机 30min 以上，有的企业设备停机 10min 都不行，这也和企业的生产产品或类型有关。所以，设备停机超过规定时间（30min 或 10min），其生产车间或工段就必须向生产部报告，以便及时采取措施（或是用其他设备替代，或是从其他工厂租借设备以备生产），保障生产继续进行，以免设备停机时间过长，对生产产生影响，造成经济损失。

（4）设备管理员对关键设备故障以及重复性、多发性故障进行分析，形成故障报告书（见图 8-4），制订防止再发生的对策。

XXXXX有限公司

<table>
<tr><td colspan="4">XXXXXXXX有限公司（ ）车间</td><td>车间主任</td><td>主管调度</td><td>生产班长</td><td>报告人</td></tr>
<tr><td colspan="2" rowspan="2">故障报告书</td><td>机名</td><td>位置</td><td></td><td></td><td></td><td></td></tr>
<tr><td></td><td></td><td colspan="2">修理开始时间</td><td colspan="2"></td></tr>
<tr><td>故障发生时间</td><td></td><td>同类机型</td><td>有 台</td><td colspan="2">修理完成时间</td><td colspan="2"></td></tr>
<tr><td colspan="3">故障情况及处理过程</td><td colspan="3">原因分析</td><td colspan="2">措施对策</td></tr>
<tr><td colspan="3">故障情况：</td><td colspan="3" rowspan="2"></td><td colspan="2" rowspan="2"></td></tr>
<tr><td colspan="3">处理经过：</td></tr>
<tr><td colspan="6">杜绝再发生对策：</td><td colspan="2">备注：</td></tr>
</table>

图 8-4 故障报告书

如果故障设备是企业中的关键设备，或其他设备出现重复性或多发性故障，在维修后不仅要填写设备故障维修单，而且还要对故障进行分析，并填写故障报告书，交由主管领导审批后，由设备管理员进行存档。

既填写设备故障维修单，又填写故障报告书，只适合于以下两种情况：一是企业中的关键设备也现故障时；二是除关键设备外的普通或一般设备出现重复性、多发性的故障时。填写故障报告书，就意味着从思想上要"重视"了。设备管理员在填写故障报告书时，一定要注意，对设备故障进行比较全面的分析，不能全凭个人主观判断，一定要与设备维修人员（这个非常重要！因为他们是一线维修人员，往往比设备管理员更有发言权）、设备操作者及生产班长一起分析。设备管理员一定要多听维修人员的意见和操作人员的建议，从而对设备故障进行准确分析，同时，也提高自己的业务水平。

（5）设备管理员要根据故障分析结果修改设备点检标准书和设备点检表中的相关内容。

这就是设备管理员的工作内容了，设备维修后，对设备故障进行了解与分析，总结经验，根据设备故障所暴露出来的问题，制订相应的防范与改进措施，并列入设备点检表与设备点检标准书中。

说得再明白一些，就是每次对设备进行维修后，都要检查相应的设备点检表与点检标准书中的内容，有不合适的点检内容，应做出修改。从这一方面也可以看出，设备管理员所制订的设备点检表与点检标准书，不是一成不变的，是要随着设备的变化而及时改动的。

（6）设备修复后，操作者按照更新后的设备点检表的要求进行日常点检，保证设备正常运转。

这里尤其要注意，这里的设备点检表是指设备故障修复后，重新制订的设备点检表。所以，设备故障修复后，设备操作者要按照新制订的设备点检表进行点检。同时，设备管理员也有责任对操作者进行培训，对设备点检表的更新内容，要指导设备操作者进行点检。

第九章 设备备件管理

设备备件管理是企业或工厂设备管理工作中一个重要的组成部分，只有科学合理地储备与供应设备所需的备件，才能保证完成设备的检修、保养和日常维修任务。同时，合理储备备件既经济又能保证维修工作顺利进行，保证生产进度。设备备件储备数量要科学、合理，如果设备备件储备过多，会造成备件库房积压，增加库房面积，占用不必要的库房空间，增加保管费用，一定程度上影响企业流动资金周转，增加不必要的成本开销；如果设备备件储备过少，则会影响备件的及时供应，有可能妨碍设备的维修或检修工作进度，延长设备停机时间，使企业的生产工作和经济效益遭受损失。在一些企业中，设备备件归仓库部门管理，设备管理员要经常与备件库管员沟通，以确定设备备件储备是否合理。

第一节 设备备件

一、设备备件的基本概念

在企业或工厂中，设备备件常包括两种意思：设备配件与设备备品。

① 设备配件。在企业设备维修及维护保养工作中，为了恢复设备的技术性能（或技术参数）和精度，需要用新制的零件或修复的零部件

来更换已经磨损的旧零件,这种新制的或修复的零部件称为设备配件,如设备的轴承、V带、传动链条、各种密封件等。

② 设备备品。"设备备品"这个词,在企业或工厂里经常能听到,那么,到底什么是"设备备品"呢?

企业为了缩短设备维修停机时间,降低因设备停机造成的损失,对一些形状复杂(如非标件)、生产要求高、加工困难、生产(或订购)周期比较长的设备配件(这一点很重要,在向设备制造厂家订购设备备件时,经常会出现有些设备备件需要设备厂家临时定制,就连设备厂家也没有库存,所以必须提前储备),会事先储备一定数量的设备配件备用,这种配件称为设备备品。

所以,设备备品就是一般存放在工厂备件库里储备、存放,已经订购完成的设备配件(也可以理解在备件库里存放着的设备配件称为设备备品),待进行设备维修时,从备件库房里领出该备品准备进行安装时,也就成了设备配件。

设备备品与设备配件,统称为设备备品配件,简称为设备备件。设备管理员需要了解与掌握它们的基本意义和区别,不过平时在对它们的称呼上可以不必分得那么清楚,叫设备备件、设备备品都可以。

二、设备备件管理的范围

① 所有设备维修用的备件。例如各种型号的轴承、V带、液压阀、链条,各种型号的继电器、低压电器开关,分油器、油泵、油封等。

以上这些是在设备维修时经常用到的备件,都是在备件管理范围内的。还有如AB胶、密封胶、生料带等这些辅助物品(辅料),也可以算在备件管理范围内,因为这些物品在设备维修时也要使用。当然,也有的企业把这些维修用的辅料归在工具库等其他库房中,这也是可以的。

② 设备结构中,主要负责传递载荷(负荷)或载荷较重、结构又比较薄弱的零件,如传动杆、主轴挡板等。其实这也是一种维修用的备件,只不过,这种零件,一般是由设备原生产厂定制的,或是根据图纸加工制成的。这些专用的设备备件,在一般生产资料市场中是买不到的,需要向设备原生产厂订购或外加工。

③ 保证设备精度的主要零部件。这类备件,一般来说,也需要向

设备原生产厂订购。由于是关系到设备精度的问题，这类备件一般都价格比较高，而且在运输过程中不能有碰撞或任何损坏。在备件库保管时，一定要将其单独分类存放，加倍小心保管。

④ 重点、关键、精密设备的所有易损件。精、大、稀设备及关键设备，其备件无论大小且无论是易于购买的标准件（螺栓、螺母、平垫等），还是专门定制的非标准件，都必须备齐、备好。只要是易损件（特别是关键部位），都包括在设备备件管理范围内。

⑤ 因设备结构（或是其他机械装置）的不良而产生不正常损坏或经常发生故障的零件。此种零件也是备件管理范围内的一种。这种备件不同于以上介绍的几种，由于故障或损坏频发在设备的某个部位，所以，对此类备件要分类存放，且储备数量不宜过多。频发的故障一定是不正常的，发现几次后，就要查找设备原因进行处理了，不能让故障继续发生，所以，这类备件储备要适量。

⑥ 设备或备件本身因各种外力作用，如受热、受压、受冲击、受摩擦、受载荷而易损坏的所有零、部件。

设备在运行过程中，会受到各种外力作用，设备或设备备件本身，也会承受着外力的作用而受到一定程度的磨损。这种备件，可能是标准件，也可能是非标准件，也可能是设备辅助零部件，如防热的散热器、隔热板，防压力的高压油管，防冲击的缓冲垫，防磨损的垫片等，这些备件都在设备备件管理范围之内。

有一点值得一提的是，设备备件库应与办公用品（打印机、复印纸等）、低值易耗品（如各种劳保手套、工作鞋等）、原材料（如铝板、各种化学料粉等）、工具（如各种扳手、改锥等）等，区分开来。备件库仅用于存放设备备件，而不能把其他物品混放于备件库。

大多数的企业都把备件库与原材料库、成品库、工具库还有办公用品库，都区分开来。但在一些小型的企业中，由于人员少，管理部门也就相应地设置几个就够用了。备件库也是如此，或者有的干脆就不设了，而是把备件库归并在工具库或是其他库房中，这种情况也非常多见，所以具体还要根据企业实际情况来确定。

三、备件的分类

现在给大家介绍一下备件的分类方法，以便于设备管理员或备件库管理员在实际工作中,将备件分类存放。

有关设备备件的分类方法有很多种,下面主要介绍几种常用的分类方法。

1. 按备件传递能量的形式分类

按照设备备件传递能量的形式不同进行分类,可以分为:机械备件(设备中的机械部分)与电气备件(设备中的电气部分)。

(1) 机械备件

设备中的机械备件一般是指在设备中通过机械传动传递能量的备件,如离合器、制动器、主轴、连杆、传动轴等。

这一类备件,往往体积比较大,占用备件库面积也比较大,且重量也很大,搬运较困难。但一般来说,这类备件储备量都非常少,例如,压力机的离合器,一般没有储备的,如果有的话,在库房存储时,要注意防锈,小心保管。

(2) 电气备件

电气备件一般是指在设备中通过电气传递能量的备件,例如,各种型号的电动机、继电器、接触器、熔断器、开关电源、断路器等。

随着现代科技的不断进步,各种电气自动化设备越来越多,传统老式的机械设备不断退出生产一线,最新型的先进设备不断进入工厂生产一线中,承担繁重的生产任务,其电气备件也越来越受到重视,因此,现在电气备件占到备件库备件种类的一半以上。

电气备件保管时,要注意防潮,特别是在梅雨季节时,更要注意。

2. 按备件的来源分类

按设备备件的来源进行分类,可以分为:自制备件(企业自行加工制造)与外购备件(大部分都采取这种方式)。

(1) 自制备件

自制备件一般是指企业自行加工制造的专用零件,如各种专用设备的非标备件等。

在一些企业中,是拥有一定的自行加工能力的,可以自行加工一些专用设备的非标件,或是其他设备的备件。企业自行加工设备备件可以节约成本(自制费用比购买原厂备件费用低很多),同时,也节省时间,制造完成后,可立即安装在设备上,使设备可以继续投入生产。但这里需要注意的是,自行加工的备件,也需要保证质量,该有的精度必须达到要求。

但是即使企业拥有一定的自行加工能力,也只限于加工制造相对比较简单的备件,企业毕竟不是专业生产厂家,复杂的设备备件,还是需通过设备原生产厂购买比较稳妥。

(2) 外购备件

外购备件就是购买专业生产厂家提供的设备备件,也是大多数企业目前主要的购买备件方式。

外购备件包括设备原生产厂生产的标准产品零件(各种型号的螺栓、螺母等标准件)和设备原生产厂制造的各种非标件。这些备件产品均有国家标准或有具体的型号规格,有广泛的通用性(原生产厂提供的非标件也有原生产厂的标准)。这些备件通常由设备生产厂或专门的备件制造厂生产和供应。

3. 按备件的制造材质分类

按照设备备件的制造材质进行分类,可以分为:金属件与非金属件。

(1) 金属件

顾名思义就是金属制的备件。这是企业或工厂中最常见的备件之一。

金属件是指用黑色和有色金属材料制造的设备备件,如钢、铸铁、铝等材质。这些铁、钢、铸铁、铝等为材质的备件,有很大一部分是体积比较大的备件,如铜瓦等。这些金属件在保存时,要注意防锈,另外,在备件库房摆放时,一定要摆正、放稳,防止滑落,造成砸伤等事故。当然,也有"小巧"的,如标准件、包括螺钉、螺母等。

金属材质的备件占到备件库的一半以上。

(2) 非金属件

非金属件一般是指用非金属材料制造的备件,例如,橡胶、塑料、尼龙等。

非金属材质的备件用途也非常广泛。而且随着新型材料的开发,越来越多的非金属材质的备件不断走进工厂或企业。非金属材质的备件与金属材质的备件相比,其优点有:重量轻、体积小、有较高的承载力等。非金属件已成为设备结构中不可或缺的一部分,例如,设备的显示器及操作面板,一般是塑料或其他材质的;对辊机的挡料板一般是尼龙制的，等等。非金属材质的备件在储存过程中，要注意防霉、防蚀等。

4. 按零件使用特性（或在库时间）分类

按零件使用特性（或在库时间）分类，可分为：经常使用的备件（常备件）与不常用的备件（非常备件）。这里面涉及一个库房管理的小知识：在对备件库各种备件存储位置进行规划时，就应提前考虑到哪些是经常用到的备件，哪些是不常用的备件。例如，有些设备的主轴，一年也用不到一次，就可以将它们放置在库房的最远处，而常用的备件，如各种标准件及电气件，就应放在库房比较靠前且方便拿取的位置。这样，利于库管员拿取操作，也便于库房进行盘点。

（1）常备件

一般是指使用频率高、设备停机损失大、单价比较便宜、需经常保持一定储备量的备件，如各种标准件、易损件以及消耗量大的其他备件等。另外，关键设备的备件也要置于常备件存放位置当中。

（2）非常备件

非常备件是指那些不常用到的、使用频率低、停机损失小和单价昂贵的零件。

非常备件，在备件库存库中要置于库房的边角处，因为，这些备件，平时不太使用，放在比较易于拿取的位置，反而造成了给常备件"挡路"的情况。

第二节 设备备件管理权的归属

在不同的企业中，由什么部门对设备备件进行管理也不尽相同，通常，以下面两种方式最为常见。

一、设备备件（库）归企业库房管理部门直接管理

这种情况也比较多见。库房管理部门包括：物流部、采购部、仓储部等。这几个部门都可以直接管理库房，如原材料库、成品库、工具库，当然也包括备件库。单独设立的备件库需要设置专门的库管员进行管理，这种多见于规模比较大的企业或工厂，对于那些规模较小的企业，设备不太多，设备备件也没有很多，常常把设备备件归入工具库或原材料库等统一管理。但无论是独立设置备品库单独管理，还是并入工

具库、原材料库统一管理，设备管理员都有协助管理的义务。

1. 设备管理员的主要任务

一方面，备件库库管员一般对设备备件不太了解（除非工作年限长，平时又注意积累经验的），进行备件分类时，易造成错误，也不太清楚哪个备件对应哪台设备（这种情况比较常见），这就需要设备管理员"帮助"其进行分类、整理。

另一方面，设备管理员需要每月或每季度向设备备件库库管员提交月份设备备件清单，所以，也需要设备管理员和库管员配合完成。

设备备件（库）归企业库房管理部门直接管理的情况下，设备管理员主要有以下任务。

① 编制月份设备备件清单。设备管理员每月对所有在用设备备件使用情况进行统计，并编制月份设备备件清单（见图9-1）然后提交给库房或是供应部门进行采购，以便合理储备。

也有的企业，由备件库库管员统计每月设备备件使用及消耗情况，然后向上级主管部门（如采购或供应）申请进行采购，以便进行备件储备。采取哪种方式主要和企业实际情况有关，也和设备管理员与备件库库管员个人业务水平有关系。

② 编制关键设备备件清单。设备管理员对于企业的关键设备也要做关键设备备件清单（见图9-2），对于关键设备的备件必须有一储备，以便在关键设备出现故障时，能及时修理更换，以免造成停机，对生产产生影响。关键设备备件必须进行储备！

关键设备备件清单必须由设备管理员进行编制，因为，只有设备管理员才知道哪些是关键设备，哪些是关键设备上所使用的备件。采购部门应按照设备管理员提供的关键设备备件清单上所列出的备件进行采购。

2. 备件库库管员的主要任务

① 接到设备管理员所提供的月份设备备件清单与关键设备备件清单，然后对库房储备的备件进行整理、统计，按照清单要求的备件储备定额进行备件储备。

备件储备定额分为最高储备定额与最低储备定额。

月份设备备件清单

品名	规格	库存单位	最低储备定额/个	最高储备定额/个	品号类别名称	备注
断路器	DZ47-601P10A	个	2	5	电器类	
断路器	DZ47-602P10A	个	2	5	电器类	
断路器	DZ47-603P20A	个	3	10	电器类	
断路器	DZ47-603P40A	个	1	3	电器类	
断路器	DZ47-603P60A	个	2	3	电器类	
断路器	NM1-100/3300	个	1	2	电器类	
断路器	NM1-400S/3300	个	1	1	电器类	
断路器	DZ108-20	个	2	9	电器类	
断路器	DZ15-40/3902	个	1	1	电器类	
变压器		个	1	1	电器类	
控制变压器	BK-50	个	1	2	电器类	
触发器		个	1	7	电器类	
电磁启动器		个	1	3	电器类	
电阻器		个	1	3	电器类	
交流接触器	CJX1-110/22	个	1	1	电器类	
交流接触器	CJX1-22/22	个	1	2	电器类	
交流接触器	CJX1-300/22	个	1	3	电器类	
交流接触器	CJX2-0910	个	1	4	电器类	
交流接触器	CJX2-6511	个	1	4	电器类	
继电器		个	1	25	电器类	
继电器座		个	1	4	电器类	
热过载继电器	JR36-63	个	1	1	电器类	
牵引电磁铁		个	1	2	电器类	
时间继电器		个	1	7	电器类	
压力传感器		个	1	2	电器类	
温度传感器		个	1	1	电器类	
压力继电器		个	1	10	电器类	
中间继电器		个	1	1	电器类	
按钮		个	3	31	电器类	
按钮	LA19	个	2	10	电器类	

图 9-1 月份设备备件清单

关键设备备件清单

序号	设备编号	设备名称	设备型号	序号	配件名称	配件型号	最高储备定额/个	最低储备定额/个	备注
1	BT-Y-035	闭式双点压力机	J36-1600A	1	轴承	625	2	5	
				2	轴承	23032	1	2	
				3	行程开关	YBLX10/11	1	2	
				4	交流接触器	CJX-110/22	1	2	
				5	电磁阀	4V410-15	1	3	
2	BT-Y-056	单动薄板拉伸油压机	YH27K-2400	1	油封	35×55×12	2	10	
				2	电磁阀	K23JSD-L20	1	2	
				3	行程开关	YBLX10/32	1	2	
				4	交流接触器	CJX1-22/22	1	3	
				5	断路器	DZ15-40/3902	1	2	
3	BT-QY-008	单动薄板拉伸油压机	YH27K-2400	1	油封	35×55×12	2	10	
				2	电磁阀	K23JSD-L20	1	2	
				3	行程开关	YBLX10/32	1	2	
				4	交流接触器	CJX1-32/22	1	2	
				5	控制变压器	BK-50	1	2	
4	BT-DL-028	焊接机器人	M10IA	1					
				2	该设备备件由厂家人员提供				
				3	导丝管	3m	1	1	
				4					
				5					
5									
6									
7									
8	关键设备备件厂家信息 1. BT-Y-035××××机床厂　联系电话： 2. BT-QY-008 BT-Y-056××××科技有限公司　联系电话： 3. BT-DL-028××××自动化设备有限公司								

图 9-2　关键设备备件清单

当所需的备件数量低于最低储备定额限值时，库管员就应立即向采购部门或相关管理部门提出采购申请，进行储备，以避免维修设备时，因没有备件而造成设备无法修复，从而影响生产。例如，设备备件轴承，最低储备定额是5个。一次维修设备时，用了3个，这时，备件库库管员就应向采购部门提出申请采购同型号的轴承3个，以使备件数量达到最低储备定额标准，即5个轴承。

最高储备定额设置的道理也一样。但需要注意的是，在制订最高储备定额时，一定要参考设备实际运行情况。在一些企业中，库管员（或设备管理员）往往把设备备件最高储备定额制订得太高，结果超出了实际用量范围，使得备件库库存积压，造成浪费。这一点也要引起注意。

② 备件库管员要及时向设备维修人员提供所需的合格设备备件，并及时向供应（采购）部门提出备件采购申请，以便及时进行采购。

在这里还要补充说明以下几点。

a. 提供备件要及时。有些企业（特别是中小型企业）的备件库库管员，往往不及时给设备维修人员提供备件，并且，周末及节假日期间，备件库库房也是处于无人值守状态，这就给设备维修人员带来困难，因为企业设备维修人员往往利用周末休息时间，对设备进行检修或维护保养以免过多影响生产进度。而备件不能及时到位，就有可能导致无法准时完成设备维修工作。有的企业就采取一种"土办法"，设备维修人员提前将所需备件领出来，供维修时使用，但这种方法，只在维修人员明确知道需要哪些备件时才有用，适合常规维修保养的情况。

另一种办法是，备件库管员在白天下班后，可以将备件库钥匙交由生产班长或工段长来保管。生产车间一旦出现设备故障需要更换备件时，设备维修人员可以到生产班长或工段长处领取备件库房钥匙（最好是生产班长或工段长现场监督），领取所需的备件后，在相关表格上签字，并注明领用的备件名称、数量及型号。待第二天库管员上班时，及时将领用的备件进行登记。这种方法在企业中也是比较常用的。

还有一种办法，设备备件库管员实行二班制或三班制，跟生产人员一样上班。

b. 必须提供合格的设备备件。有时，设备管理员或设备维修人员在领取设备备件时发现所领取的设备备件是一个废件或是残次品。

出现这种情况，可能有两方面原因：一方面，采购部门在购买设备备件时，没有认真检查备件质量，或是不了解设备备件；另一方面，由于设备备件存放时间过长，导致零件失效，例如，设备所需的各种油品及润滑脂、油存放时间过长就全变质。作为备件库库管员，有责任时刻检查设备备件的储存周期，如有过期的设备备件或备品，一定要通知主管领导，或是退回厂家进行更换，或是直接报废。设备管理员也有责任配合备件库库管员进行备件质量与保质期的检查，以确保所用的设备备件处于完好状态。另外，设备管理员对设备也是有一定了解的，对设备备件就更加明白了，所以也有义务帮助备件库库管员进行设备备件的管理。还有一点，采购部门新购买的设备备件在入备件库时，库管员一定要对所采购的设备备件进行质量检查。如果本身水平有限，可以请设备管理员或设备维修人员帮助检查、鉴定。总之，不能让质量不合格的设备备件进入备件库中。

注意：设备管理员不能让维修人员将质量不合格的设备备件安装在设备上以免造成设备事故隐患，导致操作人员出现伤亡事故。设备管理员要特别注意这一点！

c. 及时提出采购备件申请。备件库库管员往往在给设备维修人员办理领出备件手续后，忘记将所缺的备件及时列入采购清单，没有及时申请采购，导致再次维修设备时，缺少设备备件，影响设备维修进度。

造成这种结果，往往是由于备件库库管员责任心不够。备件库库管员要及时关注库房内的备件储备情况，可以在电子表格中做好预警。一旦该备件数量低于最低储备定额标准，备件库库管员要立即向采购部门提出采购申请。

3. 供应（采购）部门的主要任务

采购或供应人员在接到备件库房管理员的备件采购申请单之后，应立即进行备件采购。采购人员在采购备件时，应注意如下事项。

① 必须看清设备备件的型号、规格，然后进行采购。企业中的采购人员由于采购物品的种类比较繁多，所以对设备及备件，大多数都不是太了解（除非大型企业中，采购部门有专人负责设备备件采购），这就需要采购人员及时与设备管理员沟通，问清楚设备备件的型号、种类、尺寸后再购买。

② 采购人员在采购备件时，要采购质量好的备件，以设备原厂厂

家生产的为宜。因为，设备在工作时高速运转，使用质量不好的备件，不仅没有维修好设备，反而会加重设备故障，甚至造成设备安全事故，所以备件采购人员一定要选取质量好的备件。设备管理员也有权向采购人员推荐备件制造厂家，采购人员应听取其意见。设备原厂的备件一般都是专门定制的，质量较为可靠。虽然价格较高，但其装配性好，和设备协调一致，所以建议尽可能选取设备原厂备件。

二、设备备件（库）归设备管理部门直接管理

这种方式相比较来说更合理。因为设备管理部门（一般是设备管理员）对设备备件都比较了解，设备维修需要备件，设备管理员可直接从库中取出相应备件直接给设备维修人员使用（当然，也需要办理正常出库手续），从而缩短设备维修时间。特别是在给设备做定期检修或维护保养时，设备维修人员领取备件特别方便、快捷，遇到紧急情况，也可以直接领取备件先安装，待维修完成后，再补手续。

1. 设备管理员的主要任务

即便是设备管理员管理本部门备件库，也要按照库房领用制度进行管理。

每月要制订并编制月份备件明细表与关键设备备件清单，在有备件库管理员的情况下，设备管理员可将上述二表交于库管员，如果是没有的话，也得做一份，自己留存备查。因为，这是设备管理程序文件管理制度规定的（不同企业，有不同的设备管理程序或制度），而且，二方或三方审核时，也要看这两个表。

2. 库管员（或是设备管理员）的主要任务

备件库管员（或设备管理员）要按照事先编制好的月份备件明细表与关键设备备件清单，对备件库房储备的备件进行统计，然后执行"最高储备与最低储备"方案。储备的方法与前面所述相同。同时，在设备备件达到最低储备定额时，就要及时向采购部门提出申请采购备件。这同前文所述的备件库管理员向采购部门提出申请过程是一样的（虽然，此处库管员不归设备管理部门管）。但也有不同之处，那就是由设备管理部门直接管理的备件库库管员（或设备管理员）对所提的设备备件的型号、规格都非常熟悉，与采购人员沟通比较容易。另外，采购人员买回来备件后，备件库库管员也能及时检查备件的质量，如发现不合格的

备件，可以立即向采购人员提出更换，这样可以避免一些不必要的麻烦。但是，前提是一定要及时向采购部门提出采购备件申请。

3. 供应（采购）人员的主要任务

由于是设备管理部门管理备件库，与采购人员进行沟通的人员是设备管理部门直属的备件库库管员或是设备管理员，所以，给采购人员在购买设备备件时，提供了方便。但也给采购人员提出了"挑战"，对于采购人员购买的不合格的设备备件，设备管理员或备件库库管员可以直接提出拒绝入库，直到采购人员购买到质量可靠的备件为止。这也对采购人员提出了一定业务水平要求。同时，设备管理员可以直接向采购人员推荐设备备件制造厂家，以供采购人员作为采购参考，扩大供应商的范围。

第三节 设备备件的领用与处理

1. 设备备件的领用

① 备件领用一律实行以旧换新（这一点必须注意）。设备维修人员必须把旧件带到库房，然后由领用人填写领用单，注明用途、名称、数量，以方便库房管理员或财务人员对维修费用进行统计核算，然后才能领用新备件。

② 对设备大、中修中需要预先领用的备件，应事先将所有维修需要的备件全部领出，填写领用单后，才能领出。在大、中修结束时一次性将所有旧件返库。

③ 涉及外委厂家的备件必须经过设备主管批准后方可办理出库手续。

2. 设备备件的处理

备件库管员应经常了解设备维修情况（或是询问维修人员），凡符合下列条件之一的备件，应及时予以处理，办理注销手续。

① 设备已经报废，厂内已无同类型设备。

② 设备已改造（或技改），剩余备件无法使用。

③ 设备已调拨，而备件未随机调拨，本企业又无同型号设备。

④ 由于制造质量和保管不善而无法使用，且无任何修复价值（经设备管理员组织有关技术人员鉴定），报有关部门批准（但同时还必须

制订出防范措施，以防类似事件再次发生)。

  对于①~③ 所列原因需处理的设备备件，应尽量调剂使用（或经由企业采购及销售部门，进行低价处理）或直接报废，以避免占用库房资源，影响需用备件的存储。④ 所述的情况，设备管理员要及时跟踪和反馈给相关部门。

第十章

设备维修管理

企业的设备在长期使用过程中,其设备本体的零部件或其他附件,在生产一线恶劣的环境下工作(当然有些企业生产现场环境是十分干净、整洁的),会逐渐发生损坏(磨损)、变形、断裂、锈蚀、脱落等影响设备正常工作的现象(这也和缺乏维护保养有关)。设备维修就是对出现上述现象或出现设备故障的情况时,通过更换(备件)或维修因出现磨损、变形、断裂而失效的零件或附件,对设备整体(或局部部位)进行拆卸或是调整的维修性质的技术活动。

第一节 设备维修基本概念

设备维修是指为了保持和恢复设备完成规定功能的能力而采取的技术活动。

也可以理解为:设备维修是指设备出现异常情况(故障)后,采取一定的措施(如更换备件等),使其恢复到正常工作状态的一种维修性质的技术活动。

设备维修的目的,是通过维修手段使设备恢复到原有的性能(功能)和精度,从而保持设备的完好,为生产服务。简单一句话:"设备维修就是发现设备出现故障,不能继续工作,通过更换备件,使设备继续工作而采取的一种措施。"

虽然,设备维修是在企业中最常见的情况,但如果出现"一天到晚怎么修也修不完"的情况,就是管理的问题了。正常情况下,如果日常点检与定期维护保养这两项工作做好,设备是不容易出现故障的。设备维修要秉承"预防为主"的工作方针,设备维修人员或设备管理员要经常深入车间生产一线,多走走,多看看,检查设备点检认真做了没有,设备状态实际情况如何,在维修设备时,是否可以采用一些新技术、使用新材料或是新的维修方法等。

在这里还需说明一点,在进行设备维修时,也要考虑维修的费用(设备管理员考虑,而不是维修人员),在维修时,尽量采用本厂现有备件。这就要求平时就把设备易损件储备充足,这样,在设备出现故障需要维修时,就能马上使用,从而保证生产继续进行。这是设备管理员尤其要注意的!设备管理员平时就要把各种设备的备件列成表单,然后送交库房或采购等相关部门,以便进行储备。一旦设备出故障,特别是关键设备出故障,如因没有备件而造成故障没有及时修复,严重影响生产,设备管理部门是会被追责的,因此,一定要注意!

第二节　设备维修的方式

在企业中,常见的设备维修方式分为两种:一是事后维修,二是预防维修。

一、事后维修

事后维修也叫故障维修,就是"设备坏了再修",即设备在没有任何异常或故障的情况,一直使用,等出现故障后,再进行维修。

适合采用"事后维修"方式的情况有以下几种。

① 设备出现故障后,不至于造成整个生产线停产的。

② 设备结构不复杂,且该型设备备件充足的。这种类型设备即使在生产过程中出现故障,也能快速维修好,对生产不会造成过大影响。

③ 使用频率不高的设备或有备用的设备。如果设备平时就不经常使用(一个月才使用一次或每周使用一次),或者有备用设备,例如同型号设备有两台以上,设备出现故障后维修即可,并不太影响生产。但还是建议大家:即使有备用设备,也还是不要忽视设备的保养与维护,

并保持备件充足，因为，万一连备用设备也出现故障了呢，那该怎么办？所以，对有备用设备的情况，也要加以注意，做好定期保养、定期预修工作，保证设备的正常使用。

二、预防维修

为了防止设备出现诸如性能、精度或其他部件劣化的情况，减少设备故障率的发生次数，根据事先编制的设备维修计划（也称为设备检修计划）与相关的技术要求而进行的维修活动，称为设备预防维修（简称预修）。

在企业中，不仅要对一般设备进行设备预修，关键设备（重点设备）更要进行设备预修，并纳入设备维修计划中。

预防维修主要是以定期维修为主要工作形式。

定期维修也可以称为定期检修。它具有对设备进行周期性修理的特点，是根据设备的磨损规律，预先确定修理类别、修理间隔期及修理工作量；所需的备件、材料可以预计，因此可作较长时间的安排；修理计划的确定是按设备的实际开动时数为依据，适用于已掌握设备磨损规律和在生产过程中平时难以停机维修的流程生产、自动线以及大批量生产中使用的主要设备。

定期维修管理制度主要有计划预防维修方式和计划保养方式两种。大家注意，虽然以上两种维修方式叫法可能与现行的维修计划不同，但现行的维修计划都是由以上两种方式派生出来的，如年度设备检修计划与设备维保计划等。

(1) 计划预防维修制度

简称计划预修制（或设备检修制度，具体体现为设备检修计划），它主要是根据设备的磨损、损耗状态规律，并结合维修周期间隔，对设备进行维护、检查和维修，以保证设备处于良好技术状态的一种设备维修管理制度。我国目前大部分企业采取这种方式。它主要有以下特点。

① 根据检修内容，对其设备进行清扫与清洁、各传动系统检查、润滑装置（例如润滑油箱、油泵等）、各紧固件拧紧与调整等。通过以上方式，减少设备磨损，延长设备使用周期，保证设备运行正常。

② 参照检修计划的日期，对设备的工作状态、运转情况、使用性能、部件磨损程度进行定期检查与调整，从而降低设备故障隐患。了解

掌握设备实际的工作状态与技术性能变化情况，为以后的检修计划编制提供依据。

（2）计划保养维修制度

也称为计划保养维修制度，顾名思义，它是维护保养与计划检修相结合的一种设备维修制度。有些企业设备管理部门称为"年度设备维护保养计划"或"年度设备维护检修计划"。这种方式主要有以下特点。

① 在设备维护保养内容基础上，增加了检修内容，制订出不同的检修内容与检修周期，使其保养与检修一体化。这种保养与检修结合在一起，维修保养的效果会更好。设备管理员在编制保养计划时，要注意这一点。

② 在设备运行到规定的保养检修周期时，不论其工作状态如何、零部件是否劣化，也不考虑其生产量的多少，都按照计划内容更换零部件，对设备规定的部位进行保养与检修。

③ 根据设备的工作特点及运行情况，按照设备运行小时（时使用时间）分别制订不同的维护保养与检修的计划周期。例如，设备主油箱，规定为运行300h进行换油。

第三节　设备维修计划

在工厂中，设备维修计划按其维修类别一般分为：计划维修与临时维修两大类。当然，也可以根据本企业实际情况，制订相应的维修计划。

一、计划维修

顾名思义，就是事先有一定安排，按照规定维修日期与相关内容进行维修。

计划维修分为按照时间进度编排的年、季、月维修计划，以及按维修级别编制的设备大中修计划两大类。

1. 设备大中修计划

设备大中修计划（也称设备大中检修计划）是企业或工厂最常用的设备维修计划方式。设备管理员要会编制此计划，并合理安排维修周期，对维修内容也要科学安排。利用设备大中修计划，对本企业设备进行彻底检修，使设备检修后，能够满足生产要求。

(1) 大修

设备大修是设备大中修计划中工作量最大的一种计划维修方式，是根据设备附件或零件磨损已较严重，设备的主要精度与技术参数、工作或使用性能等大部分丧失或失效，已经无法满足生产要求，常规维修方法已经不起作用，必须经过全面维修，才能恢复其效能或功能时使用的一种维修形式。

设备大修需对设备进行全部解体拆除，对于大型设备而言，大修是极其费时费力的工作。例如，1600t压力机大修时，需要好几个维修人员协同进行拆除，而且还有一定危险性，要做的工作有：维修基准件与平时不易检查的零部件，更换或修复磨损件或标准件；将设备全部表面研刮和磨削导轨面；维修、调整和检查设备的电气系统（包括电控柜所有电气元件）；修复设备的附件以及翻新外观（例如将设备表面涂漆）等，从而全面消除大修前存在的设备缺陷及故障隐患，恢复设备的规定精度和技术性能（只能是尽量恢复，不可能全面恢复）。在设备大修期间，还应该充分利用此机会，可以采用一些对设备有益的新技术、新工艺和新材料对设备进行一定程度的改装与改造，以提高设备性能与产能。

大修周期，也要根据企业生产周期实际情况而定，因为设备大修时间较长（一般为3～5天，一些大型设备，需要时间会更长），所以，设备管理员在制订大修计划时，要与生产部门沟通好，以免影响生产。例如，汽车零部件行业，每年7月、8月都是"休息"时间（还有高温假期）相对生产任务较少，所以，这个时间段就适合进行大修。

还有，在设备大修前，一定要提前备好大修设备所需的零部件，以免在大修过程中，因没有备件而耽误工作。临时从厂家订购备件，就算厂家有现货，也需要运输时间，维修工作就只能暂停。

(2) 中修

中修的维修工作量在大修与小修之间，不需要如大修那样大拆大卸，维修工作历时一般2～3天即可，要求也要比大修低，所以，有些企业已经取消"中修"，而加入了"项修"。

在这里需要说明一下，虽然中修已经在一些企业中取消，但并不是说中修就不重要了，对于一些企业或是设备来说，中修还是有"用武之地"

的，设备管理员在制订中修计划时，要根据本企业的实际情况灵活掌握。

（3）项修

项目维修（简称项修）就是对设备精度、技术性能或参数及其他部位的劣化缺陷或故障隐患进行针对性的局部维修。

进行项修时，一般要对设备进行局部拆卸与检查，更换或修复失去性能的零部件，必要时对设备基准件进行局部检修，修正设备坐标（例如工件坐标系或机床坐标系等），从而恢复所维修部分的技术性能和设备的精度。项修的工作量一般视企业实际工作情况而定。

项修就是对设备某个部位进行局部维修，或是某个设备的某一个方面（如压力机润滑系统），这点不同于大修与中修，大修与中修是针对设备全面的、整体的维修。

项修的维修时间与中修一样（2～3天），也可以根据实际工作量进行调整。

（4）小修

设备的小修是设备大中修计划中，维修工作量最小的。小修工作内容主要是针对日常点检和定期检查发现的问题，将设备拆卸后，对有故障的零部件进行检查、调整、更换或维修失效的零部件，以恢复设备的正常使用功能与技术参数，保证设备的正常运行，满足生产要求。

设备小修一般只需1～2天，不用花费时间较长，一些结构不复杂的设备，一天之内甚至可以小修很多台。也不用占用生产时间，利用生产车间休息即可，例如，法定假日或周末以及工作间隔时间。在实际工作中，设备维修人员都会利用周末来完成设备小修计划。但如周六、周日车间不休息，则只能随车间工作时间而定，甚至有的要在晚上车间下班后进行小修。

小修也要和大修、中修一样，在维修前备好所需的设备备件，准备齐全各种工具，然后再进行检修。

2. 设备大中修计划管理流程

设备大中修计划在企业实际工作中的运行、管理流程也很重要。下面简要介绍一下设备大中修计划实际的工作流程。

① 每年初，由企业设备管理部门（设备管理员）负责编制设备大中修计划明细表（见图10-1），并下发到各生产车间及维修部门，按计划实施维修。也有的企业在每年的年末开始制订下一年的设备大中修计划。

××××年设备大中修计划明细表

JL6.2-10

序号	设备名称	设备编号	检修类别	检修内容	计划时间
1	有机热载体加热炉	821-001	大	炉体及炉底,每年换一次导热油	6
2	捏合机	599-007 599-008 599-009 599-010	大	清理油路、检修搅拌桨及主轴轴承	6
3	冲裁机	167-001 167-002 167-003	大	蜗轮、蜗杆、齿轮及手轮调整装置	6
4	沥青泵	669-001 669-002	中	拆泵,清洗全部零件	6
5	搅拌机	599-001 599-002	大	减速器	6
6	烘干线	844-001	中	金属传送带维修	6
7	废料回边机	239-001 239-002 239-003	小	传送带	6
8	升降机	261-001	中	电葫芦	6
9	冲裁线	231-001 231-002 231-003	大	传送带	7
10	沥青储备罐	989-001	中	清理管道、阀门	7
11	卧式对辊机	149-001 149-002 149-003	中	升降调整装置、丝杠	7
12	平面裁断机	165-001	中	密封件	7
13	破碎机	549-001 549-002 549-003	中	碎料刀、手轮调整装置维修	7
14	小运输机	F231-007 F231-008 F231-009	小	机架、护料挡板	7
15	橡胶加压捏炼机	819-003 819-004	大	混炼机构、主传动系统(包括减速器、V带、齿形联轴器、速比齿轮箱等)、翻转机构、压料机构、冷却(加热)管路系统、气路系统	8
16	挤出机	128-001 128-002	大	螺杆、衬套及加热装置	8
17	炼胶机	819-001	大	更换全部磨损零件、密封件	8
18	切胶机	162-001	中	溢流阀,密封环	8

图 10-1　设备大中修计划明细表

制订设备大中修计划除了按照设备说明书（设备维修手册）要求外，更多的是要结合设备实际运行的状态和设备平时日常点检或定期设备巡检时所暴露的问题来制订，还要与设备所在的生产车间班长或工段长及设备操作者进行沟通，详细了解设备一手情况后，再来制订。以便合理地确定设备维修工作量和需要的维修时间，从而进行维修分类［如大修、中修（项修）、小修］。计划编制完成后，报送主管领导进行审核批准。

最后，待主管领导审批后（一定要签字，并将计划打印出来用文件夹装好）再送往各车间部门（生产车间或工段）和维修执行部门。各执行机构要按照计划内容，认真执行设备大中修计划。

生产部门要参考计划周期安排生产，预留维修时间。维修部门（如维修车间或维修班组）则应根据计划安排维修人员执行。

② 设备大中修结束后，由设备管理部门进行验收，合格后移交使用部门，设备管理员填写设备维修记录（见图10-2）。

这里补充说明一点，设备大中修完成后，需要设备管理部门、生产部门、技术部门、质保部门等一起联合验收，有的企业生产部门还要试运行维修后的设备，以确认维修效果。待所有确认项目均达到要求后才能在维修单上签字确认。

3. 月份维修计划

月份维修计划（见图10-3）顾名思义，就是以月份为单位编制的设备维修计划。

这种维修方式在企业中比较常见。月份维修计划以每月设备实际运行情况为出发点，编制起来比较方便。但也存在维修间隔过于紧密、容易造成与生产部门相冲突的缺点。如果，企业采用了以月份维修计划方式对设备进行检修，就不建议再另行制订设备大中修计划了，因为两种计划混在一起执行，容易造成浪费人力、物力。

对于中小型企业，设备管理员制订以下两种设备保修计划就够用了：年度设备维护保养计划和设备大中修计划。

月份维修计划管理流程如下。

① 企业设备管理员根据各生产车间设备日常点检情况，分析、制订、填写当月设备可实施性维修计划，每月5日前将当月设备维修计划上报企业生产部门，同时将该计划填写在月份设备维修计划目视板（如有设备管理看板的话）中。维修结束后，由维修人员填写设备维修记录。

设备维修记录

单据编号		填表日期	年　　月　　日		
设备编号		设备位置			
设备名称		操作人员			
机修人员		维修级别	□小修　　□中修　　□大修		
电器人员		维修类别	□计划维修　　□临时维修		
车间负责人		维修工时确认			

设备故障现象描述					

维修内容	更换主要维修配件				
	序号	配件名称	配件型号	数量	单价	金额
	①					
	②					
	③					
	④					
	⑤					
	⑥					
	⑦					
	⑧					
	⑨					
	⑩					

设备故障原因分析	故障整改措施方案

设备维修验收结论

维修时间：自[　　]年[　　]月[　　]日起至[　　]年[　　]月[　　]日止　维修工时：[　　]小时

图 10-2　设备维修记录

设备维修计划

					文件页码	
					文件版本:A	
					修订次数:0	
					文件编号:	
公司名称				××××年12月05日		单据编号
序号	设备编号	设备名称	所在位置	报表日期		检修内容说明
				起始日期	终止日期	
1	BT-K-035	压力机	薄板线	12月10日	12月10日	① 动力传动系统;② 滑块机构;③ 离合器、制动器;④ 液压润滑系统;⑤ 气垫;⑥ 电气系统
2	BT-K-060	压力机	薄板线	12月11日	12月11日	① 动力传动系统;② 滑块机构;③ 离合器、制动器;④ 液压润滑系统;⑤ 气垫;⑥ 电气系统
3	BT-K-061	压力机	薄板线	12月13日	12月13日	① 动力传动系统;② 滑块机构;③ 离合器、制动器;④ 液压润滑系统;⑤ 气垫;⑥ 电气系统
4						
5						

报表人　　　　　　　　　　　　　　公司负责人审核

图 10-3　月份维修计划

在制订月份维修计划时,不仅要参考车间设备日常点检所发现的问题,还要分析当月哪些设备故障频发、维修频次过多,哪些设备如本月不及时维修就会造成哪些后果。另外,编制月份维修计划的时间也不是一成不变的,有的企业规定每月 5 日前上报,有的企业可以 10 日前上报,可以根据企业实际情况自行确定。

关于目视板问题,有的企业生产车间有设备管理看板,设备管理员一定要把当月月份维修计划填写在设备管理看板上面,进行"目视化"管理。

② 需要设备厂家协助维修解决设备故障时,设备管理员应及时与设备厂家联系,说明设备存在的问题,设备厂家现场检测并出具解决方案,维修解决方案与维修设备费用由企业设备部门审核(质保期内除外),厂家售后服务人员到达现场后,填写外来人员维修登记表(见图 10-4)及设备维修记录,存档备案。

注意:设备管理员碰到这种情况,一定要事先与设备厂家人员进行沟通,能在电话里解决的,应尽量在电话里解决。例如,将故障情况或是报警号告知厂家,厂家技术人员会把解决方案告诉本企业维修人员,往往就能将故障解除。如在电话里解决不了,那么,只能请设备厂家人员到企业现场来解决。这时,设备管理员也一定要提前问清楚关于设备厂家人员到企业维修的费用,包括餐旅费、维修费、备件费,有些需要厂家人员自带备件,这是要收费的;之后填写设备外委修理申请单(见图 10-5)然后上报主管领导,等领导批准了,再让厂家技术人员到企业来。

设备外委维修流程如下。

a. 首先,设备管理员根据月份维修计划和使用部门的申请,经过仔细分析,确定本厂对某(些)设备在技术上或维修能力上不具备自行维修的条件,同时填写设备外委修理申请单经设备主管领导同意后,方可进行外委维修。

b. 维修后的设备,由企业设备管理员组织相关部门(技术、质保、生产车间等)人员,以设备管理部门为主进行设备验收。

c. 设备验收后,设备管理员应及时向外委厂家反馈质量信息。

外来人员维修登记表

日期	设备位置	设备编号	设备名称	维修内容	厂家名称	维修人员	联系电话	维修结论	负责人	备注
年 月 日								□正常使用 □继续维修		
年 月 日								□正常使用 □继续维修		
年 月 日								□正常使用 □继续维修		
年 月 日								□正常使用 □继续维修		
年 月 日								□正常使用 □继续维修		
年 月 日								□正常使用 □继续维修		
年 月 日								□正常使用 □继续维修		
年 月 日								□正常使用 □继续维修		
年 月 日								□正常使用 □继续维修		
年 月 日								□正常使用 □继续维修		

图 10-4 外来人员维修登记表

设备外委修理申请单

分厂名称		填写日期	年　　月　　日
设备编号		设备名称	
设备型号		制造厂家	
机修人员		电器人员	
设备操作者		车间负责人	
设备管理员		分厂负责人	
预计完成日期	年　　月　　日		

申请设备修理情况说明

处理意见

机动部审核		公司领导审批	

注：按表格内要求填写，详细描述说明该台设备现存在的问题（包含机械部分和电气部分）或大修项目，注明设备存在问题、精度误差尺寸。

图 10-5　设备外委修理申请单

设备厂家工程师到企业后,设备管理员首先要进行登记,填写外来人员维修登记表,登记后,再进行维修。在设备厂家人员维修设备时,设备管理员要组织本厂设备维修人员协助,这同时也是学习培训的好机会,要抓住这个难得的机会多向厂家人员学习。维修结束后,在维修记录上做好记录,并请厂家维修人员签字确认(一般设备厂家人员都自备维修单)。

③ 如设备配件损坏需返厂维修时,设备管理员必须开具有效的设备(配件)出门证(见图10-6),经相关负责人(设备部门主管领导)签字确认,企业保卫部门方可放行出厂。

如果设备是新设备,处于质保期保修过程中(一般为1年或2年),应将损坏的零部件直接送回设备厂家更换,不要盲目自行维修导致损坏设备。

另外,设备管理员在返厂维修备件时,同样也要给本企业门卫(俗称保卫部)开具一张设备(配件)出门证(同样也要主管领导签字确认),上面标清楚设备备件名称及其他相关信息。

二、临时维修

对设备在使用过程中出现的临时故障进行维修,称为临时维修。

临时维修后,应由维修部门填写设备维修记录,然后由设备管理员收回存档,并应定期进行统计分析。

设备维修结束要填写设备停工台时统计表(见图10-7)。

设备停工台时是指设备因故障维修导致的非生产状态的停机时间。

设备停工台时统计表一般由生产班长或操作者填写,在规定的时间内(一般为每月初)由设备管理员统一收回,并进行分析,作为统计设备绩效指标的重要依据(设备故障率、完好率等)。

设备（配件）出门证

单据编号			填写日期	年	月	日
发货单位			收货单位			
物次类别	□设备□配件	车辆名称		车牌号码		
序号	设备编号	设备(配件)名称	设备(配件)型号	数量	备注	
1						
2						
3						
4						
5						
负责人确认		经办人		收货人		

注：该单据一式三份，一联机动部存档，二联交门卫，三联上报设备主管领导。

设备(配件)出门证

SHBL/SP06/JD-R-15

单据编号			填写日期	年	月	日
发货单位			收货单位			
物次类别	□设备□配件	车辆名称		车牌号码		
序号	设备编号	设备(配件)名称	设备(配件)型号	数量	备注	
1						
2						
3						
4						
5						
负责人确认		经办人		收货人		

注：该单据一式三份，一联机动部存档，二联交门卫，三联上报设备主管领导。

设备(配件)出门证

SHBL/SP06/JD-R-15

单据编号			填写日期	年	月	日
发货单位			收货单位			
物次类别	□设备□配件	车辆名称		车牌号码		
序号	设备编号	设备(配件)名称	设备(配件)型号	数量	备注	
1						
2						
3						
4						
5						
负责人确认		经办人		收货人		

注：该单据一式三份，一联机动部存档，二联交门卫，三联上报设备主管领导。

图 10-6　设备(配件)出门证

设备停工台时统计表

文件页码
文件版本：A
修订次数：1.0
文件编号：

报表单位				报表日期 年 月 日																													报表人	统计月份	
																					期（单位：小时）														
序号	设备位置	设备编号	设备名称	设备型号	1	2	3	4	5	6	7	8	9	10	11	12	13	14	15	16	17	18	19	20	21	22	23	24	25	26	27	28	29	30	31	合计
1	薄板生产线	BT-Y-035	闭式双点压力机	J36-1600A																															7
2	薄板生产线	BT-Y-060	闭式双点压力机	JA36-800D/2															5																	
3	薄板生产线	BT-Y-061	闭式双点压力机	JA36-800D/2																1																
4	薄板生产线	BT-Y-018	闭式双点压力机	JG36-800																	8																
5	薄板生产线	BT-Y-065	闭式双点压力机	JH36-630A																	1																
6	薄板生产线	BT-Y-067	闭式双点压力机	J36-400C/14																																
7	薄板生产线	BT-Y-062	闭式双点压力机	J36-400C/14																																
8	薄板生产线	BT-Y-054	闭式双点压力机	J36-400C/14																																
9	薄板生产线	BT-DC-205	闭式双点压力机	QD32-10T																																
10	小冲生产线	BT-Y-046	开式固定台压力机	JE21-200																																
11	小冲生产线	BT-Y-015	开式压力机	JE21-200B																																
12	小冲生产线	BT-Y-043	开式压力机	JZ21-200A																																
13	小冲生产线	BT-Y-048	开式压力机	JZ21-160A																																
14	小冲生产线	BT-Y-014	开式压力机	JE21-160B																																
15	小冲生产线	BT-Y-013	开式压力机	JE21-100B																																
16	小冲生产线	BT-Y-021	压力机	OCP-110E																																
17	小冲生产线	BT-Y-073	开式压力机	JZ21-100A																																
18	小冲生产线	BT-Y-074	开式压力机	JZ21-100A																																
19	小冲生产线	BT-Y-039	开式固定台压力机	JZ21-100A																																
20	小冲生产线	BT-DQ-260	开式固定台压力机	JC21-160																																
21	小冲生产线	BT-DQ-254	开式固定台压力机	JC21-160A																																
22	小冲生产线	BT-Y-045	开式压力机	JH21-63																																
23	小冲生产线	BT-Y-080	开式固定台压力机	JH21-100A																																
24	小冲生产线	BT-Y-033	开式固定台压力机	JA21-63A																																
25	小冲生产线	BT-Y-031	开式可倾压力机	JD23-100																																
26	小冲生产线	BT-DC-201	双梁天车	10T-22.5																																

图 10-7 设备停工台时统计表

第十一章 特种设备管理

在企业中,特种设备主要有锅炉、压力容器(含气瓶)、电梯、起重机械等,几乎每个企业都有特种设备。作为企业设备的重要组成部分,特种设备承担的生产任务具有关键作用,因此,加强特种设备管理、保证其安全运行,也是企业设备管理员日常工作中的重要部分。它涉及保养、定期检验等一系列的日常工作,必须严肃、认真对待。

第一节 特种设备的基本概念

特种设备是指涉及人身生命安全和财产,有较大危险性的锅炉、压力容器(含气瓶)、压力管道、电梯、起重机械、客运索道、大型游乐设施、场(厂)内专用机动车辆。在企业或工厂中,较为常见的特种设备主要有锅炉、压力容器、电梯、起重机械与场内专用机动车辆。

特种设备依据其主要工作特点,可分成承压类特种设备与机电类特种设备。

① 承压类特种设备是指锅炉、压力容器(含气瓶)、压力管道及其附属的安全部(附)件、安全保护装置以及与安全保护装置相关的设备设施。

② 机电类特种设备是指电梯、起重机械、大型游乐设施、客运索道、场(厂)内专用机动车辆及其附属的安全附件、安全保护装置以及与安全保护装置相关的设备设施。

第二节 锅炉

锅炉（见图11-1）是企业或工厂中最为常见的特种设备。每个工厂或企业都有自建的"锅炉房"，特别是在东北地区，冬季还可以给车间或办公楼、宿舍楼供暖。

图 11-1 锅炉

一、锅炉的基本概念

锅炉是指利用各种燃料、电或其他能源，将所盛装的液体加热到一定的参数，并对外输出热能的设备。其范围规定为容积大于等于30L的承压蒸汽锅炉；出口水压大于等于0.1MPa（表压），且额定功率大于等于0.1MW的承压热水锅炉；有机热载体锅炉。

二、锅炉的分类

在实际工作中，常用的分类方法有以下几种。

① 按其结构形式分类：锅壳式锅炉（火管锅炉）、水管锅炉、混合结构形式锅炉和电热锅炉等。

② 按使用用途分类：生活锅炉、工业锅炉、发电锅炉、机车锅炉和船舶锅炉等。在工厂中主要接触的是工业锅炉。

③ 按工作用的介质（工质）分类：蒸汽锅炉（工质为水、输出水蒸气）、热水锅炉（工质为水、输出热水）和有机热载体锅炉（工质为导热油、输出热油）。

④ 按热能来源分类：燃煤锅炉（以煤为燃料）、燃油锅炉（以轻质或重油、渣油为燃料）、燃气锅炉和废热锅炉。

三、锅炉的基本参数

能够反映锅炉工作特性的基本参数，主要是指锅炉单位时间内生产蒸汽或供热的数量及其质量。

蒸汽锅炉每小时所生产蒸汽的数量，称为蒸汽锅炉的蒸发量，也称为蒸汽锅炉的容量，常用符号 D 表示，其单位为 t/h（吨/时）、kg/s（千克/秒）。

额定蒸发量是指蒸汽锅炉在额定蒸汽参数（压力和温度）、额定给水温度、使用设计燃料和保证设计效率的条件下，连续运行所应达到的最大蒸发量。蒸汽锅炉出厂时铭牌上所标示的蒸发量，指的就是锅炉的额定蒸发量，亦即最大蒸发量。

热水锅炉每小时出水有效带热量，称为热水锅炉的供热量，常用符号 Q 表示，其单位为 kW。

额定供热量是指热水锅炉在额定回水温度、额定回水压力和额定循环水量下，长期连续运行时应予以保证的最大供热量。热水锅炉出厂时铭牌上所标示的供热量，指的就是锅炉的额定供热量，亦即最大供热量。

锅炉生产蒸汽或供热的质量，通常用其基本状态参数压力和温度来反映。压力的单位采用 MPa（兆帕），温度的单位采用℃（摄氏度）。

对生产过热蒸汽的蒸汽锅炉，蒸汽的质量指的是蒸汽过热器后主汽阀出口处过热蒸汽的压力（表压力）和温度，称为额定蒸汽压力和温度，统称为蒸汽锅炉的额定蒸汽参数。对生产饱和蒸汽的蒸汽锅炉，只标明主汽阀出口处的饱和蒸汽压力，知道了饱和蒸汽压力，便可从蒸汽表上查得其对应的饱和温度。

对用以供热、采暖的热水锅炉，其供热质量指的是热水锅炉出口水的压力和温度，及其进水阀处进口水的温度，称为热水锅炉的额定出口水压力和额定出口/进口水温度，统称为热水锅炉的额定热水参数。

四、锅炉的基本结构

锅炉是利用燃料燃烧释放的热能或其他热能加热给水或其他介质的设备。尽管锅炉的种类繁多，结构也不尽相同，但都是由"锅"和"炉"以及为保证"锅"和"炉"正常运行所必需的附件、仪表及附属设备等组成。

"锅"是指锅炉接受热量并将热量传递给水汽、导热油等工质的受热面系统，是锅炉中储存或输送锅水或蒸汽的密闭受压部分，是锅炉的吸热部分，主要包括汽包、对流管、水冷壁、联箱、过热器和省煤器等。"锅"再加上给水设备就组成锅炉的汽水系统。由于"锅"要承受压力，所以一般称为"受压部件"。

"炉"是锅炉中燃烧燃料或加热从而产生热量供"锅"吸收的部件，是锅炉的放热部分，主要包括燃烧设备、炉墙、炉拱、钢架和烟道及排烟除尘设备等。

锅炉的附件和仪表很多，如安全阀、压力表、水位表及高低水位报警器、排污装置、汽水管道及阀门、燃烧自动调节装置及测温仪表等。

锅炉的附属设备也很多，一般包括给水系统的设备（如水处理装置、给水泵）、燃料供给及制备系统的设备（如给煤、磨粉、供油、供气等装置）、通风系统设备（如鼓风机、引风机）和除灰排渣系统设备（如除尘器、出渣机、出灰机）。

五、锅炉的维护保养

和其他设备一样，锅炉也必须定期维护、保养，以保证良好运行。现以有机热载体加热炉为例，说明一下锅炉的定期维护与保养。

1. **每日保养**

每日保养由锅炉工来完成，主要内容包括：锅炉小扫除（包括锅炉本体及现场周围）、锅炉仪表保证清洁、锅炉外表面保持清洁等。

可以把以上内容列入锅炉设备点检表中，考核锅炉人员的日常维护情况。

所以设备管理员要经常对锅炉进行日常检查，确保锅炉清洁。

2. **每月保养**

每月保养主要由维修人员进行，主要内容包括：锅炉大扫除（包括锅炉本体及现场周围)、泄漏检查（这个必须执行）、导热油补充（视实际情况，增减补充量）、检查循环系统过滤器等。

可以把上述内容列入月份维护保养计划或年度维护保养计划中，与其他生产设备一样进行例行保养。

这里需提醒一下，不管生产任务有多忙，锅炉也必须严格按规定定期做保养。

3. 年度保养

年度保养也由维修人员来进行。如果本厂维修人员能力有限，可以请专业厂家人员来进行保养。

年度保养主要内容包括：锅炉本体炉管检查（一般都是厂家人员来进行保养）、锅炉本体耐火材料检查、锅炉本体保温材料检查、锅炉本体全面检查、导热油化验对导热油进行化验以验证是否失效，这是必须要进行的、循环系统管道保温检查、循环系统耐压试验及循环系统全面检查。

可以把上述内容列入年度维护保养计划中，与其他生产设备一样进行例行保养。

六、锅炉房的管理

1. 持证上岗

锅炉房操作工必须持有上级部门签发的岗位操作证（见图11-2）上岗。锅炉操作证，俗称"锅炉证"，由国家相关主管部门核发。设备管理员必须注意，如果锅炉操作工没有此类证件，一定不能让其上岗。

图11-2　锅炉操作证

2. 锅炉安全运行的要求

① 严格执行企业各项规章制度及相关法律法规，正确操作，确保锅炉安全运行，并要有相关的运行记录。

锅炉操作工必须执行企业制订的有关锅炉管理相关规定与制度，如《锅炉房安全管理制度》（见附录二）。

遵守相关法律法规是指企业必须遵守《特种设备安全法》，设备管理员必须了解、熟悉此法。

另外，锅炉工应填写锅炉运行记录（见图11-3），此记录由设备管理员每月检查并收回存档。

锅炉运行记录   年　月　日

班次		交班人		接班人	
温　　度					
供油压力					
回油压力					
油泵有无异常		1#		2#	
操作台是否正常					
管路有无漏点					
其　　他					
班次		交班人		接班人	
温　　度					
供油压力					
回油压力					
油泵有无异常		1#		2#	
操作台有否正常					
管路有无漏点					
其他					

图 11-3　锅炉运行记录

② 发现锅炉有异常现象，危及安全时，应采取紧急停炉措施，并及时报告单位负责人。

锅炉操作人员发现异常时，首先采取停炉措施，然后再报告班长，并逐级上报。

③ 对任何有害锅炉安全运行的违章指挥，均应拒绝执行。

④ 安全附件的管理由锅炉房操作工负责。

锅炉房操作工人员必须掌握所有锅炉安全附件的操作，而且必须正确操作，才能保证锅炉的正常安全运行。

常压热水锅炉的安装与运行要求：

(1) 安装要求

① 安装前必须认真阅读锅炉配套的使用说明书。

② 复核与锅炉配套的各种辅件、配件，必须齐全。

③ 锅炉安装位置和布局应合理，符合规范要求，按图纸要求施工。

④ 锅炉应该安装在厚度5～10cm的混凝土地面上，安装前，在地面上方或下方构筑一个除灰室，直径大于下炉排，深度不低于40cm，并在锅炉正面留一个清灰门，放置水平，底部四周用水泥抹严，不能漏风。

⑤ 为方便操作及维修，锅炉周围应留足够的工作空间。

⑥ 锅炉系统的安装可参照相关说明书上面的附图，按图施工。

⑦ 大气直通管必须从补水箱上面插入补水箱20cm，大气直通管直径相同，不得安装阀门或变小。

⑧ 引风机和烟囱各接口处用密封垫密封、紧固、烟囱用钢筋固定在适当位置并锁牢。

⑨ 引风机进风口不能低于锅炉的出烟口。

⑩ 主管道直径不得小于锅炉本身的进出水口直径。

⑪ 烟囱往外接时弯头越少越好。风机前不得超过两个弯，风机后面不能超过一个弯，弯头角度应大于90°。

⑫ 配电控制箱挂在炉体一侧，将温度传感器插入炉体导热管中，将380V风机电源、水泵电源分别引出，再将380V主电源和零线分别引入。

(2) 运行操作

锅炉运行前，司炉工必须熟悉各项操作规定，并在实际工作中严格遵守。

① 点火前的准备及检查。

a. 上水前应仔细地对锅炉进行全面检查（包括有关附件）。

b. 上水时应检查阀门、接头及其他部分是否有漏水现象，发现漏水应及时排除。

c. 检查膨胀水箱浮球式启闭器是否正常工作。

d. 在点火前必须先确认启闭器是否正常工作。

e. 打开水泵排气阀，排出空气，待出水后关闭排气阀。

f. 检查烟气通道是否畅通，清灰口是否关严。

g. 要从回水管对锅炉和系统加水。

② 点火。

a. 打开加煤口，关闭所有清灰口。

b. 先在上层炉排上放一层煤块，10~15cm 厚，煤块大小为 5~10cm；然后在煤块上再铺一层木柴和纸板。

c. 启动循环水泵，使系统中的水开始循环。

d. 启动引风机，点燃木柴，待煤都点燃后，再在上面加一层煤，约 10cm 厚。将加煤口稍开大一些，使进风量达到最佳。

e. 必须从上炉门添煤。

③ 正常运行。

a. 正常运行时，上炉门既不能开得太大，也不能开得太小，更不能完全关闭，开至 1/3 大小即可。当下炉排铺满红火时，要将下清灰门适当开小点。

b. 当上层炉排煤层有明显漏风孔或烧穿时，应及时消除，否则将影响锅炉的正常燃烧，影响锅炉升温。

c. 上层及下层炉排的通风量可以通过加煤口和清灰门的开启大小调节，一般以加煤口为主（占总通风量的 80% 以上），下层以清灰门为辅。下层炉排通风量过大会使下部红火过早着完，造成漏风，使上层炉排的煤不能燃烧，甚至产生倒烟现象。风力过小，则会使红火大量堆积在下层炉排上，容易使下层炉排损坏。

d. 在正常燃烧时，上层炉排应保证有红火光。如果有灰渣发黑，则应及时掏出。

e. 当下层炉排灰渣堆积较多，而锅炉又要继续运行时，需将下层炉排已经燃烧完毕的灰渣清除，并保留火底。如不能继续燃烧时，可集中风力把下层炉排红火煤烧透后再清除。

④ 封火。封火时：应将上层炉排留好火底，一般是煤烧成红火有点白灰为宜。

方法：a. 将仪表设定温度调至30℃左右，使引风机处于低速运转。

b. 关闭引风机，炉门全部关闭，封火完毕（不得关闭总电源，避免炉体高温膨胀，致使补水箱喷气涨水）。

注意：使用中停电或循环泵损坏时，炉体升温，补水箱溢水，大气管喷气为正常现象，此时应保证补水箱水位不要过低。

⑤ 封火后再次启炉。再次启炉时，应打开加煤口，把上层炉排灰渣捅下来保持通风。如果火底只剩下一部分时，应首先疏通这部分的通风，逐渐扩大火底。

⑥ 温炉。新安装的锅炉或者停用较长时间的锅炉，在投入使用前应先将温度调至60℃以下，低速运转6~8h后，再开始升温（方可进入正常运行）。

（3）维护与保养

为了延长锅炉使用寿命，必须做好维护与保养工作。

① 每次烧锅炉前应查看第二燃烧室和除灰室有无灰渣。如果有，则必须清除。

② 每月打开水管炉排检查孔和炉体排污口，清垢1次，排污1次。

③ 每季度打开锅炉烟道、烟囱与引风机间的连接管，检查1~2次，进行清灰。

④ 每周给脱硫除尘器换水，并投放适量脱硫剂，除污2~3次。

⑤ 用于取暖的锅炉，循环水必须经过化学水处理或用电磁水处理仪处理，以防止结垢。

（4）常见故障及排除方法见表11-1。

表 11-1　常见故障及排除方法

故障现象	可能原因	排除方法
锅炉产气,有响声	管道排气系统没有排气	打开管道排气系统进行排气
水炉排有响声	水炉排有水垢	清洗水炉排
锅炉冒烟	烟筒内空气潮湿或火烧得不均匀	扩大火底,上下炉排全部燃烧

续表

故障现象	可能原因	排除方法
炉门反烟	① 烟道内部灰尘多 ② 分火盘灰尘多	打开烟道上下清灰口,进行清灰,关严清渣门
补水箱或大气连通管喷水、喷汽	① 停电,泵不运转 ② 泵已损坏 ③ 泵功率过小 ④ 暖气循环系统过热汽化,排气阀失灵	① 检查循环泵是否损坏或其他原因,查明原因检修后即可使用 ② 检查配电柜工作是否正常
暖气片热度不够	① 操作不正确 ② 没有定期除尘,造成火管堵塞 ③ 煤质太差,发热量不够 ④ 炉膛内炉渣过多 ⑤ 煤块过大或煤仓中有煤卡住形成空洞	① 看说明书,严格按规程操作 ② 清除灰渣 ③ 更换热值高的煤块 ④ 清除炉膛内炉渣,尤其是条上的炼焦及石块 ⑤ 打开加煤口,通一下,让煤下沉落实即可
暖气片冷热不均	① 循环系统有气体,如不排出,会产生气阻。阻断循环水的运转 ② 暖气片中存气	① 调直出水主管道,出水主管道水部、中部、末端应装排气阀 ② 打开暖气片上的跑风门,要多次排放气体
短路循环	离炉近处过热,离炉远处不热或热度不够,循环水走近道	调节每一组暖气片上的阀门或在暖气进口处装截流片。泵循环要求暖气片上下温差约3℃,调好后不得再动
停泵后补水箱溢水	检查出水管的止回阀是否漏水。回水管启闭器关闭不严	拆下阀体,检查阀片是否卡住。维护启闭器或更换

第三节 压力容器

压力容器是指盛装气体或液体,承载一定压力的密闭设备,其范围规定为:工作压力应大于等于 0.1MPa(表压),且工作压力与容积的乘积大于等于 2.5MPa·L 的气体、液化气体和最高工作温度高于或者等于标准沸点的液体的固定式容器和移动式容器；盛装公称工作压力大于等于0.2MPa（表压），且压力与容积的乘积大于等于1.0MPa·L的气体、液化气体和标准沸点小于等于60℃液体的气瓶；医用氧舱等。

在工厂或企业中，最为常见的压力容器就是储气罐与各种气瓶。

一、压力容器的分类

根据不同的要求，压力容器可以有很多种分类方法。

（1）按罐体材质分类

钢制压力容器、铝制焊接容器、钛制焊接容器和非金属容器等。

（2）按制造方法分类

板焊容器、锻焊容器、铸造容器、包扎式容器、绕带式容器等。

（3）按壳体承压方式分类

内压容器、外压容器。

（4）按壁厚分类

薄壁容器（容器外径与内径之比小于1.2）和厚壁容器（外径与内径之比大于1.2）。

（5）按压力容器的设计压力（p）分类

低压（代号L）：$0.1\text{MPa} \leqslant p < 1.6\text{MPa}$；

中压（代号M）：$1.6\text{MPa} \leqslant p < 10\text{MPa}$；

高压（代号H）：$10\text{MPa} \leqslant p < 100\text{MPa}$；

超高压（代号U）：$p \geqslant 100\text{MPa}$。

（6）按压力容器在生产工艺过程中的作用原理分类

反应压力容器、换热压力容器、分离压力容器、储存压力容器。

（7）综合分类

① 固定式压力容器　普通固定式压力容器的工作压力均在中、高压（一般小于100MPa）以下，使用环境固定，不能移动，如各种储罐、反应器、合成塔、干燥器、分离器、管壳式余热锅炉等。

② 超高压压力容器　超高压压力容器主要在一些有特殊工艺要求的场合使用，一般为固定使用，不能移动。这类压力容器的典型代表是人造水晶釜。

③ 移动式压力容器　移动式压力容器一般为中、低压容器，主要是在移动中使用，作为某种介质的包装搭载在运输工具（汽车和铁路罐

车的罐体)。

④ 气瓶类压力容器　气瓶类压力容器:作为压力容器的一种,气瓶类压力容器的工作压力范围较大,有高压气瓶(氧、氢气瓶、乙炔瓶、氮气瓶)和低压气瓶(民用液化石油气钢瓶)之分。

气瓶类压力容器在工厂或企业中也常见。

⑤ 医用氧舱类压力容器　医用氧舱是一种特殊的载人压力容器,一般由舱体、配套压力容器、供、排气系统、电供、排氧系统、电气系统、空调系统、消防系统及所属的仪器、仪表和控制台等部分组成。

这种压力容器在工厂中没有,一般都在医院里使用。

(8) 按介质分类

压力容器的介质分为以下两组(包括气体、液化气体以及最高工作温度高于或者等于标准沸点的液体)。

第一组介质,毒性程度为极度危害、高度危害的化学介质,易爆介质,液化气体。

第二组介质,除第一组以外的介质。

(9) 按介质危害性分类

毒性程度:极度危害最高容许浓度小于 $0.1mg/m^3$;高度危害最高容许浓度为 $0.1\sim 1.0mg/m^3$;轻度危害最高容许浓度大于等于 $10.0mg/m^3$。

易爆介质:指气体或液体的蒸汽、薄雾与空气混合形成的爆炸混合物,并且其爆炸下限小于 10%,或者爆炸上限和下限的差值大于或等于 20% 的介质。

(10) 按压力容器的品种分类

① 反应压力容器(代号 R):主要是用于完成介质的物理、化学反应的压力容器,如反应器、合成塔等。

② 换热压力容器(代号 E):主要是用于完成介质的热量交换的压力容器,如热交换器、冷却器、蒸发器等。

③ 分离压力容器(代号 S):主要是用于完成介质的流体压力平衡缓冲和气体净化分离等的压力容器。

④ 存储压力容器(代号 C,其中球罐为 B):主要是用于储、盛装气体、液体、液化气体等介质的压力容器,如储罐等。

二、储气罐

储气罐（见图11-4）是工厂中常见的压力容器，属于固定式压力容器，主要用来储存气体，同时起稳定系统压力的作用。储气罐常与空气压缩机配合使用。

根据储气罐的承受压力不同可以分为高压储气罐、低压储气罐、常压储气罐。

按储气罐制造材料不同分为碳素钢储气罐、低合金钢储气罐、不锈钢储气罐。

储气罐一般由筒体、封头、法兰、接管、密封元件、支座等零件和部件组成。此外，还配有安全装置（安全阀）、压力表等附件。

图11-4 储气罐

1. 每日保养

每日保养由设备操作工来完成。每日保养主要有以下内容。

① 每班必须给储气罐排水1次（如二班制，白班与夜班各排1次）。

② 每天检查储气罐周围是否有腐蚀气体和液体。无论是罐体表面还是储气罐周围现场，都要认真检查。

③ 每天检查压力表指示值，当发现压力有不正常现象（即失灵），应给予更换；其最高工作压力应小于0.8MPa，如果高于0.8MPa，安全阀应自动打开，否则应立即停止进气并给予检修。

④ 检查气压管路的密封性，若有出现漏气现象应及时修补。这种现象就比较常见了，包括连接的气管，最容易漏气。需经常检查。

和上述锅炉的检查方法一样，可以把以上几项列入"设备点检表"中，由设备操作者进行日常点检。

2. 每月保养

月份保养也主要由维修人员进行。每月保养主要有以下内容。

① 检查安全阀是否灵活、畅通。这个储气罐上的安全阀是储气罐重要的安全装置。在储气罐年度检验时，其上面的安全阀也要做安全校

验。所以，设备维修人员必须每月及时检查，消除安全隐患。

② 检查罐体是否有生锈、破损现象，并及时修补。罐身破损现象较为少见，但生锈现象常有发生，一般在潮湿的地方比较容易生锈。另外，罐身表面涂漆也要检查，如有脱落，需立即补漆。

③ 检查螺栓（法兰连接）是否松动和失效。这主要指连接空压机管路法兰上的螺栓，一旦松动或损坏，会导致管路漏气。所以，要每月检查一次。

以上内容可列入月份维护保养计划或年度维护保养计划中，与其他生产设备一样进行例行保养。维护保养由设备维修人员完成，完成后也要填写相应的记录。

3. 年度保养

年度保养要由维修人员来进行，其主要有以下内容。

① 检查焊缝是否牢固、密封圈是否老化。不具备检查焊缝条件的企业，应请专业厂家进行检查，同时检查密封圈。

② 对罐体油漆一遍做防锈处理。建议所有企业都做一次防锈处理。但实际情况下，有些企业怕费事，所以不做，这是错误的。

③ 每年需用高压测试仪测试安全阀 1 次，即把输出阀关闭，再开启进气阀，将空压机压力调到 $0.85 kgf$（$1 kgf = 9.80605 N$）。当储气罐压力超过 $0.80 kgf$ 时安全阀应自动打开，否则应调整。这个属于定期检验的范围。一般企业也不具备专业的高压测试装置（通常也没有必要配备）。在储气罐年度检验过程中，到指定的部门（如技术监督局下属的锅检所等相关部门），在申请报检储气罐时，就可以免费检验安全阀，所以企业可每年在检储气罐时，顺便检验安全阀，而不必自购设备。

可以把上述内容列入年度维护保养计划中，进行例行保养。

④ 注意事项。储气罐属于特种设备范畴。所以对安全运行有一定要求。

a. 储气罐在运行过程中（处于受压状态），不得进行任何维修，严禁有金属器械碰撞及进行敲打、锤击罐体和其他物体的冲击。

b. 储气罐属高温、高压的容器，附近绝不可有易燃、易爆物体。

c. 随时检查储气罐的各阀门及其他地方是否有漏气现象，若有漏气要及时采取措施以保证储气罐符合生产要求（也就是不能出现漏气现象）。

d. 检查气压是否超出其设定范围（最高工作压力为 0.8MPa）。

e. 机身保持干净清洁、无杂物。

f. 储气罐应保持通风、干燥，周围严禁堆放杂物。有些企业存放储气罐的地方，连窗户也没有，通风效果极差。有的把空压站建在库房里边，周围堆放物品等杂物。这些都会给储气罐的使用带来安全隐患。

第四节 电梯

电梯（见图 11-5）是指由动力驱动，利用沿刚性导轨运行的箱体或者沿固定线路运行的梯级（踏步），进行升降或者平行运送人、货物的机电设备。电梯包括载人（货）电梯、自动扶梯和自动人行道。

在企业中，电梯一般都安装在办公楼中。而在小型企业里，办公楼是不安装电梯的。只有在规模以上的企业里，才会出现电梯，所以大家所在的企业如有电梯，那么就得掌握一些电梯的基本知识了。

图 11-5 电梯

电梯的分类方法有以下几种。

1. 按照使用用途分

乘客电梯（代号 TK）；载货电梯（代号 TH）；客货电梯（代号 TL）；病床电梯（代号 TB）；住宅电梯（代号 TZ）；杂物电梯（代号 TW）；船用电梯（代号 TC）；观光电梯（代号 TG）；车辆电梯（代号 TQ，汽车专用）。

2. 按照运行速度分

超高速电梯：运行速度为 3～10m/s 或更高，通常用于超高层建筑物内。

高速电梯（甲类电梯）：运行速度为 2～3m/s 的电梯，通常用于 16 层以上建筑物内。

快速电梯（乙类电梯）：运行速度大于 1m/s 且小于等于 2m/s 的电

梯,通常用于16层以上建筑物内。

低速电梯(丙类电梯):运行速度在1m/s以下的电梯,通常用于10层以下建筑物或客货两用电梯。

电梯的维护保养,在企业中一般都请专业的维保公司进行专业维保,企业自己的维修人员一般是维修不了电梯的,而且,也不建议企业自行维护保养电梯,以免操作不当而导致损坏。

第五节 起重机械

起重机械(俗称天车,见图11-6、图11-7)是指用于垂直升降或者垂直升降并水平移动重物的机电设备,其范围规定为:额定起重量大于等于0.5t的升降机;额定起重量大于等于1t,且提升高度大于等于2m的起重机和承重形式固定的电动葫芦等(电动葫芦、桥式、门式、塔式、流动式起重机等)。

起重机在一些工厂中最为常见,装备数量在企业特种设备里是最多的,如有些冲压件厂可装备18台之多),设备管理员,要对这些"天车"格外注意,天车的运行、维护和维修,都非常重要,必须认真对待。

图11-6 电动单梁起重机

图11-7 双梁桥式起重机

一、起重机械的分类

起重机械按其功能和构造特点可分为三大类。

(1)轻小型起重设备

包括千斤顶、滑车、起重葫芦、卷扬机、绞车等。其特点是轻便,构造紧凑,动作简单,作业范围投影以点、线为主。

(2) 起重机

起重机是起重机械的主体部分,有很多种类。

① 按取物装置和用途分类:有吊钩起重机、抓斗起重机、电磁起重机、冶金起重机、堆垛起重机、集装箱起重机和救援起重机等。

② 按运移方式分类:有固定式起重机、运行式起重机、自行式起重机、拖引式起重机、爬升式起重机和便携式起重机等。

③ 按结构形式分类:有桥式起重机、门式起重机、半门式起重机、门座式起重机、塔式起重机、流动式起重机、铁路、甲板、浮式起重机以及桅杆和悬臂起重机等。

其特点是可以挂在起重吊钩或其他取物装置上的重物在空间实现垂直升降和水平运移。

(3) 升降机

包括电梯、施工升降机和简易升降机等。其特点是重物或其他取物装置只能沿导轨升降。

在企业中,会根据使用要求,安装一些升降机作为货物或物料的升降使用,这里要注意的是:升降机严禁乘人!

二、起重机的主要参数

起重机的技术参数表示起重机的工作能力。主要技术参数有额定起重量、起升高度、跨度和轨距、幅度和工作速度等。

设备管理员不一定需要熟悉这些技术参数,但至少要了解。

(1) 额定起重量 G (kg)

是指起重机能吊起的重物或物料连同可分吊具或属具(如抓斗、电磁吸盘、平衡梁等)质量的总和。对于幅度可变的起重机,如塔式起重机、汽车起重机等,其额定起重量是随幅度变化的。

(2) 起升高度 H (m)

是指起重机运行轨道面或地面到取物装置上限位置的高度,用吊钩时算到吊钩环中心,用抓斗及其他容器时算到容器底部。

(3) 跨度和轨距 S (m)

桥架型起重机运行轨道两条钢轨中心线之间的距离称为起重机的跨度;桥架型起重机小车运行轨道钢轨中心线之间的距离称为起重机的

轨距。

(4) 幅度 L（m）

指旋转臂架型起重机的回转中心与取物装置铅垂直中心线之间的距离。

(5) 起重力矩 M（kgf·m）

是指幅度与其相对应的起重物重力的乘积。

(6) 工作速度 v（m/s）

包括额定起升速度、额定运行速度、回转速度及变幅速度。

额定起升速度是指起升机构在电动机额定转速下取物装置的速度。

额定运行速度是指运行机构在电动机额定速度下，起重机大小车的速度。

回转速度是指旋转式起重机绕其回转中心的转速。

变幅速度是指臂架式起重机的取物装置从最大幅度到最小幅度的平均线速度。

(7) 工作级别

主要分为起重机的工作级别、金属结构的工作级别和机构的工作级别。

起重机划分工作级别，一方面为设计、制造和用户选用提供合理、统一的技术基础和参考标准；另一方面还可提高起重机零部件的通用化水平。

起重机的工作级别由起重机利用等级和载荷状态来确定，是起重机的综合工作特性参数，工作级别分为 A1～A8 八级。

起重机的利用等级是表示起重机在其有效寿命期间的使用频繁程度，按总的工作循环次数，利用等级分为 U0～U9 十级。

起重机载荷状态表明起重机的起升机构受载的轻重程度，它与两个因素有关：一个是实际起升载荷与最大载荷之比，另一个是实际起升载荷作用次数与总的工作循环次数之比。

三、起重机的基本结构

起重机基本结构因起重机类型不同而有很大的不同。桥架型起重机以桥形的梁结构作为主要承载构件，取物装置悬挂在可沿主梁运行的起重小车上。桥架型起重机由电气部分和机械部分组成。

(1) 电气部分

包括电气设备和控制线路，适应起重机频繁启动、制动、换向以及负载无规律和过载、冲击的工作特点。

(2) 机械部分

① 工作部分。由起升机构、小车运行机构和大车运行机构三部分组成。

起升机构连同悬挂取物装置固定在起重小车上，用来升降吊物。

小车运行机构驱动起重小车沿主梁运行。

大车运行机构驱动整机在建筑物高架结构的轨道上运行。

通过这三大机构的组合运动，在矩形三维空间内完成物料搬运作业。

② 金属结构部分。主要作用是将起重机各组成部分连接成一个有机整体，承受吊物和起重机自身的重力，主要由主梁、端梁、栏杆走台、支腿和操作员室等组成。

桥式起重机由主梁组成桥架，整个起重机运行在建筑物高架结构的轨道上，适用于厂房内和货场，是使用量最大的起重机。缆索起重机安装在两塔架顶部的缆索取代了桥型主梁，起重小车悬挂取物装置被牵引索高速牵引，沿承载索往返运行，两塔架在相距较远的轨道上低速运行。

门式起重机其主梁通过支承在地面轨道上的两个支腿，形成一个可横跨铁路轨道或货场的门架，外伸到支腿外侧的主梁悬臂部分可增加作业面积。

第六节　场（厂）内专用机动车辆

场（厂）内专用机动车辆是指除道路交通、农用车辆以外，仅在工厂厂区、旅游景区、游乐场所等特定区域使用的专用机动车辆，如叉车、搬运车、牵引车、推顶车、内燃观光车、蓄电池观光车，见图 11-8 和图 11-9。

图 11-8　专用机动车辆（一）　　　图 11-9　专用机动车辆（二）

在我们企业中，最为常见的就是叉车（有条件的企业还有观光车）。叉车也要和其他特种设备一样，进行日常维护、每月保养和年度保养，但基本都是请专业人员进行维修与保养。有的企业设有"车队"，如企业有专业的车辆维修人员的话，也可以自行维修。

第七节　特种设备定期检验制度

特种设备，实行特种设备定期检验制度！

定期检验是为了及时发现设备潜伏的缺陷及使用中因腐蚀、磨损等原因产生的新的缺陷及使用管理中出现的问题。

根据《特种设备安全法》第四十条规定：特种设备使用单位应当按照安全技术规范的要求，在检验合格有效期届满前一个月向特种设备检验机构提出定期检验的要求。

特种设备检验机构收到定期检验要求后，应当按照安全技术规范的要求及时进行安全性能检验。特种设备使用单位应当将定期检验标志置于该特种设备的显著位置。

未经定期检验或检验不合格的特种设备，不得继续使用。

根据相关要求，企业设备管理员必须及时对所属工厂的特种设备进行申报检验工作。

设备管理员需编制年度特种设备周期检定计划表（见图 11-10），并根据计划内容进行检定。

(2015)年度特种设备周期检定计划表

序号	设备名称	设备型号	设备代码	设备编号	制造单位	检定周期/年	检验日期	下次检定日期	备注
1	电动葫芦桥式起重机	QD10-22.5	41900135292532013 2231	BT-DC-201	××××有限公司	2	2013-07-10	2015-07-10	
2	电动葫芦桥式起重机	QD10-22.5	41900135292532013 2230	BT-DC-207	××××有限公司	2	2013-07-10	2015-07-10	
3	电动葫芦桥式起重机	QD10-22.5	41900135292532013 2233	BT-DC-208	××××有限公司	2	2013-07-10	2015-07-10	
4	电动葫芦桥式起重机	QD15/3-22.5	41900135292532013 2232	BT-DC-204	××××有限公司	2	2013-07-10	2015-07-10	
5	电动葫芦桥式起重机	LD15/3-22.5	41900135292532013 2229	BT-DC-206	××××有限公司	2	2013-07-10	2015-07-10	
6	电动单梁起重机	LD5-16.5	41700135292532013 2227	BT-DC-213	××××有限公司	2	2013-07-10	2015-07-10	
7	电动单梁起重机	LD10-22.5	41900135292532013 2229	BT-DC-19	××××有限公司	2	2013-07-10	2015-07-10	
8	电动单梁起重机	LD10-17	41900135292532013 2228	BT-DC-212	××××有限公司	2	2013-07-10	2015-07-10	
9	通用桥式起重机	QD16/5-22.5	41100135292532011 0146	BT-DC-202	××××有限公司	2	2013-08-18	2015-08-18	
10	通用桥式起重机	QD32/10-22.5	41100135292532011 0145	BT-DC-205	××××有限公司	2	2013-08-18	2015-08-18	

图 11-10 特种设备周期检定计划表

设备管理员一定要严格按照计划表中相关内容进行填写,特别是"设备代码"栏一定要按照特种设备的检测报告内容进行填写或是按照设备说明书认真填写。

企业常见特种设备的检定周期如下。

1. 锅炉

锅炉定期检验分外部检验、内部检验和水压检验三种。

检验周期为:外部检验一年一次;内部检验两年一次;水压试验六年一次;对于无法进行内部检验的锅炉每三年进行一次水压试验。锅炉外部检验报告见附录三。

其检定周期为每年一次。

2. 压力容器

固定式压力容器定期检验分外部检查、内外部检验、耐压试验三种。

外部检查每年至少一次;内外部检验根据其安全状况确定,安全状况等级为一、二级的,每六年至少一次;安全状况等级为三级的,每三年至少一次;耐压试验每两次内外部检验期间,至少进行一次。

例如,低压容器中的储气罐,其检定周期为每年一次。

3. 起重机械

起重机械每两年进行一次检验。

如通用桥式起重机、电动单梁起重机,其检定周期即为每两年检定一次。

4. 厂内机动车辆

厂内机动车辆每年检验一次。如叉车,其检定周期即为每年检定一次。

附 录

附录一　设备完好标准

××××××××××××有限公司管理文件

编号：D6.2-03　　　　　　　　　　　　　　　批准：

设备完好标准

××××年××月××日发布　　××××年××月××日实施

××××××××××××××××有限公司　发布

前　言

本程序依据 ISO/TS 16949：2009《质量管理体系　汽车生产件及相关服务件组织应用 ISO 9001—2008 的特殊要求》编制，是××××××××××有限公司管理体系文件之一。

本规定是对 D6.2《设备及设施管理程序》补充的一个作业文件，自发布之日起执行。

本程序由生产管理部提出并归口。

1　适用范围

本规定适用于××××××××××有限公司及分公司生产用设备完好标准与考核管理。

2　术语和定义

生产设备：企业用于提供作业条件、改善生产环境、提高生产效率并在长期、反复使用中基本保持原有实物形态与功能的生产资料和物质资料的总称。

3　职责

生产管理部负责制定设备完好标准。

4　具体内容

4.1　完好设备的考核

（1）完好标准中的主要项目，有一项不合格，该设备即为不完好设备。

（2）完好标准中的次要项目，有二项不合格，该设备即为不完好设备。

4.2　完好标准

（1）有机热载体加热炉完好标准（①～⑦项为主要项目）

① 炉体表面无积灰、杂物。

② 电控装置灵敏、完好、清洁。

③ 循环油泵、注油泵无异常声响，无积灰。

④ 油压表、温控表工作正常准确。

⑤ 鼓引风机无异常声响。

⑥ 导热油清洁。

⑦ 报警安全装置灵敏可靠。

⑧ 控温阀无漏油现象。

⑨ 过滤器完好清洁。

（2）搅拌机完好标准（①～④项为主要项目）

① 搅拌桨是否完好。

② 油泵是否完好，是否缺油。

③ 减速器有无异常现象。

④ 电动机有无异常现象。

⑤ 电控装置灵敏、完好。

⑥ 阀门是否完好。

（3）捏合机完好标准（①～④项为主要项目）

① 搅拌桨是否完好，轴头是否漏料。

② 齿轮箱是否缺油。

③ 减速器有无异常。

④ 电动机有无异常。

⑤ 电控装置灵敏、完好。

⑥ 螺杆、料筒完好。

（4）炼胶机完好标准（①～④项为主要项目）

① 辊筒表面无碰伤。

② 整机无异常声响，无灰、无杂物、见本色。

③ 转动系统无异常声响。

④ 密封良好。

⑤ 安全装置灵敏、可靠。

⑥ 润滑部位无灰、清洁、油路畅通。

（5）橡胶（塑料）加压式捏炼机完好标准（①～④项为主要项目）

① 整机无异常声响，无灰、无杂物。

② 电气系统完好（电动机、行程开关、选择开关）。

③ 润滑部位无灰、清洁、油路畅通。

④ 混炼系统完好，无损坏现象。

⑤ 安全装置灵敏、可靠。

编制：　　　　　　　审核：　　　　　　　批准：

附录二 锅炉房安全管理制度

一、司炉工岗位责任制

1. 司炉工必须持证上岗，严格执行锅炉操作规程和有关的安全规章制度，精心操作，确保锅炉安全运行、经济运行，满足单位供气、供热需要。

2. 热爱本职工作，坚守工作岗位，严格遵守各项规章制度，不擅自离开锅炉房，努力学习业务技术知识，不断提高安全操作技能水平。

3. 对锅炉房内运行设备做到每 2h 一次巡回检查，并准时、认真地填写锅炉及附属设备的运行记录，做到准确、清晰、不漏项。

4. 认真做好锅炉及辅机设备、安全附件的经常性日常维护保养，并定期（一个月至少一次）自行做检查工作，并做出记录交设备管理人员存档。对日常维护保养时发现异常情况时应及时处理，并向设备管理人员反映。

5. 作业过程中锅炉有异常现象，危及安全时应采取紧急停炉措施，并及时报告有关负责人，事故未经妥善处理，锅炉工不得离开现场。

6. 对任何有违反锅炉安全运行的违章指示，应拒绝执行，并有权向特种设备安全监督管理部门及有关部门举报。

7. 协助设备管理员申报在用锅炉的定期检验，并提前按锅炉定期检验规则有关要求做好检测前准备工作。

8. 保持锅炉房内清洁卫生、设备干净；仪表清晰，工具存放整齐，道路畅通，做到文明生产，安全运行。

二、锅炉巡回检查制度

（一）蒸汽锅炉巡回检查制度

1. 当班人员每 2h（主管领导每月，管理人员每周）至少对锅炉设备（锅炉房内）进行一次巡回检查，并将检查结果填入运行（锅炉安全运行）记录。

2. 巡回检查内容

① 水位、压力，蒸汽温度在规定范围内。三大安全附件、保护装置和仪表灵敏可靠，无泄漏现象。

② 受压部件可见部位无鼓包、渗漏、变形、炉内燃烧工况良好，无漏水、汽。

③ 炉墙、炉拱、炉门、看火门无破损，完整牢固。

④ 管道、阀门无泄漏（包括内漏），阀门开关灵活。

⑤ 炉排及转动机械无摩擦异常响声，油位正常，轴承冷却充足，并注入了润滑油。

⑥ 锅炉进水系统、出渣系统、烟灰系统、水处理设备运行正常。

3. 如有异常情况，重大事故后必须增加巡回检查次数，随时掌握运行情况。

4. 巡回检查时应遵守安全规章制度，集中思想，看、听、摸、嗅设备各方面情况，对各主要设备（含水处理）应绕周巡视。

5. 巡回检查中发现的问题，应及时记入运行记录中，并汇报有关部门人员通知检修人员及时处理，重大问题应报主管领导。

6. 锅炉房照明良好，道路通畅。

7. 巡回检查线路

（1）燃煤锅炉

电控柜→压力表、水位表→安全阀→自控联锁装置→上煤装置→炉排→燃烧状况→炉墙（门）→出渣机→省煤器→鼓引风→烟风道→除尘器→水泵→储水池→水处理设备（除氧设备）→排污阀→各类阀门→分汽缸→电控柜。

（2）燃油锅炉

电控柜→压力表、水位表→安全阀→自控联锁装置→燃烧器→油压力表→燃烧室→防爆装置→进水系统→排污阀→烟道→尾部排烟温度→日用油箱→过滤器→水处理→各类阀门→分汽缸→电控柜。

（二）导热油炉巡回检查制度

1. 当班人员每小时应对有机载体锅炉及其附属设备的运行情况进行巡回检查，并做好记录。

2. 巡回检查的主要内容

① 有机热载体进口压力、温度、出口压力温度；循环泵运行情况。

② 有机热载体锅炉可见受热部分有无鼓包、变形和渗漏；炉膛燃烧情况是否良好。

③ 燃烧设备（炉排、上煤、出渣、燃烧器）、鼓引风机运转情况，除尘设备及排烟温度是否正常。

④ 膨胀器液位应正常，膨胀器内有机载体温度应低于70%；储存

罐内是否有热载体，注油泵是否正常。

⑤ 管道阀门，法兰连接处有无泄漏；管道保温是否完好。

⑥ 自控装置是否正常投用。

3. 巡回检查路线

（1）液相炉

电控柜→炉前压力表、温度计→液位计→上煤机→炉排结构→有机热载体锅炉及炉膛燃烧状况（燃烧器）→出渣机→除尘器→鼓引风机及烟风道→膨胀器→循环泵→过滤器→进出口管道阀门→储存罐→注油泵→电控柜

（2）气相炉

电控柜→炉前压力表、液位表→安全阀（爆破片）→炉排（减速器）→热载体炉体及燃烧状况（燃烧器）→出渣机→注油泵→过滤器→膨胀器→油气分离器→进出口管道阀门→储存罐→循环油泵→电控柜。

三、锅炉设备维修保养制度

1. 设备管理人员对锅炉设备维修保养负领导责任，制定检修计划及当月的维护保养计划，并将修理改造的有关技术资料存入锅炉安全技术档案。

2. 锅炉重大修理、改造时，必须经法定的检测机构按安全技术规范的要求进行检验。

3. 设备日常维护保养由司炉工或维修工负责，定人定责、职责分明，及时消除隐患，不能消除时应向管理人员或主管领导报告。

4. 设备检修分定期的小、中、大修三类。小修由司炉人员提出，随时安排；中修每年一次，应包括清除蒸汽锅炉炉内积灰、水渣、检修锅炉受压部件、辅机、修复破损的拱砖、炉墙、炉排和保温层，还应清洗轴承箱并换油。有机热载体炉应消除受热烟灰、焦渣、炉膛、烟风道修理、附属设备、附件、仪表、自控装置等。

大修期限可根据定期检验情况而定。

5. 检修中，应对三大安全附件、阀门、仪表及自动控制装置进行检查，并检查辅机各部位情况，更换已损坏的零件或消除漏油、水、汽现象。对受压元件的检修应由持证的专业修理单位承担。

6. 有机热载体锅炉设备检修前应进行一次内外部全面检查，根据检查情况确定检修计划。

附录三 锅炉外部检验报告

报告编号：2013206

锅炉外部检验报告

锅炉型号：YLL1200MA
使用单位：××××××
使用编号：01
登记编号：
检验日期：××××年××月××日

××××××××检验所

锅炉外部检验报告

检验日期：2012.10.8　　　　　　　　　　　登记编号：
　　　　　　　　　　　　　　　　　　　　 报告编号：2013206

使用单位	××××有限公司		单位地址	×××	
邮政编码	136100	联系人	×××	电话	
锅炉型号	YLL1200MA		制造单位	××××有限公司	
出厂编号		制造日期	2010年10月	投用日期	2011年8月
额定出力	2t/h	额定压力	0.8MPa	使用压力	0.4MPa
锅炉用途	生产	燃料种类	燃煤	出口温度	200
使用单位编号	01		水处理形式	锅内	
水压试验日期	2011年08月20日		水压试验压力	1.2MPa	
资料审查	齐全				
上次检验提出问题及处理情况					

缺陷位置、程度（必要时附图）及处理意见：

检验结论	√允许运行 　监督运行 　停止运行	允许工作压力：0.4MPa 允许工作温度：200℃ 下次外部检验日期：2014年10月8日

结论说明：

检验员：　　　　　2013年10月8日

　　　　　　　　　　　　　　　　　　检验单位（章）

审　核：　　　　　2013年10月8日

锅炉外部检验报告（附页）

报告编号：2013206

检验项目			结果	检验项目		结果
锅炉管理		1. 上次报告提出问题整改情况	√	水位表	1. 安装、数量	—
		2. 锅炉房各种制度建立情况	√		2. 最高、最低、正常水位标志	—
		3. 司炉、水处理人员持证情况	√		3. 两只水位表指示	√
		4. 司炉工人在岗人数	√		4. 一、二次仪表指示	√
		5. 锅炉房各种记录	√		5. 水位表冲洗	√
		6. 锅炉房制度执行情况	√		6. 汽水联管及旋塞	√
		7. 锅炉房安全通道	√		7. 放水管	√
		8. 锅炉房照明设施	√		8. 泄漏	√
		9. 防火雷风雨冻腐等设施	√	温度表	1. 安装	√
锅炉本体		1. 本体可见受压元件变形、渗漏	√		2. 校验	√
		2. 本体可见受压元件结焦、积灰	√		3. 指示	√
		3. 管道、阀门、法兰腐蚀	√		4. 泄漏	√
		4. 人孔、手孔、头孔腐蚀、渗漏	√	自动保护	1. 水位示控联锁装置及试验	—
		5. 膨胀指示器	—		2. 超温报警联锁装置及试验	—
		6. 炉顶、炉墙保温密封砌筑状况	√		3. 超压报警联锁装置及试验	—
		7. 承重结构和支、吊架	√		4. 点火程序及熄火保护装置试验	—
安全附件	安全阀	1. 安装、数量、规格	√	一辅机和附件	1. 分汽（水）缸	√
		2. 校验	○		2. 压力管道、阀门	√
		3. 泄漏	√		3. 排污装置、阀门	√
		4. 75%工作压力手动泄放	—		4. 给水系统、阀门	√
		5. 自动排汽	—		5. 燃烧器、燃料供应系统	√
		6. 泄放管	—		6. 鼓、引风机	√
		7. 起跳压力	√		7. 上煤、出渣机、炉排	√
		8. 回座压力	√		8. 吹灰器	—
		9. 疏水管	—		9. 循环泵	√
		10. 消音装置	—		10. 集、排气装置	√
	压力表	1. 安装、数量、规格	√		11. 除污器	—
		2. 校验	√		12. 定压和循环水的膨胀装置	—
		3. 存水弯管	√	水处理	1. 取样点及取样装置	√
		4. 三通阀门	√		2. 水处理设施	√
		5. 同部位两只压力表指示	√		3. 汽水品质及化验数据	√
		6. 泄漏、表盘模糊等问题	—		4. 化验记录及项目	√
		7. 指示红线	√		5. 除氧器	—

注：结果栏中无问题的打"√"；一般问题的打"○"；严重问题的打"×"；没有的项目打"—"。

注意事项

1. 本报告书一式二份，由检验机构和使用单位分别保存。

2. 本报告书无检验、审核、批准的人员签章和检验机构的检验专用章或公章无效。

3. 特种设备使用单位应当按照安全技术规范的定期检验要求，在安全检验合格有效期届满前1个月向特种设备检验检测机构提出定期检验要求。

4. 未经定期检验或者检验不合格的特种设备，不得继续使用。

××××检验所

地　址：×××××
邮　编：××××××
电　话：××××××××
开户行：
账　号：

参考文献

[1] 郁君平. 设备管理. 北京：机械工业出版社，2014.
[2] 特种设备安全管理干部巡检手册编写委员会. 特种设备安全管理干部巡检手册. 北京：中国铁道出版社，2012.